JN219020

民生委員のための
一人暮らし高齢者 支援・見守り Q&A

小林 雅彦＝著

中央法規

はじめに

本書を書いた動機と目的

　一人暮らしの高齢者が確実に増えています。しかし、社会や経済活動のしくみ、法制度はそこで起こるさまざまな問題発生の予防や課題の解決に追いついていません。

　一人暮らしの高齢者の多くは、例えば、体調が悪いとゴミ出しができなくなる、入院やアパート契約で保証人がいなくて困る、交通の便が悪くて日々の買い物に苦労する、災害が起きたとき一人で心細い、自分が亡くなったあとのことが心配等々、何らかの不安や困りごとを抱えながら暮らしています。

　私は、講演のために全国各地の民生委員児童委員協議会にお邪魔しますが、どの地域でも、一人暮らしの高齢者に対する支援のあり方が課題や悩みになっていることをうかがいます。

　そこで、民生委員の皆さんが、一人暮らしの高齢者を支援する際に必要な知識や役立つ支援方法などをコンパクトに紹介しようと思ったことが、本書を書いた動機であり目的です。

本書で取りあげる一人暮らしの高齢者

　一口に一人暮らしの高齢者といっても、家族や親族がいる人もいればいない人もいます。また、家族や親族がいても遠くに住んでいる場合もあれば近所に住んでいる場合もありますし、さらにいえば、近所に住んでいても関係が疎遠になっている場合もあります。

このように、家族構成や家族との関係はさまざまですが、本書では、主に家族や親族がいない一人暮らしの高齢者や、いても関係が疎遠になっている一人暮らしの高齢者を対象として支援のあり方を考え、解説をしました。

本書の構成と内容

本書は5章で構成され、それぞれ次のような目的と内容になっています。

第1章は、支援のための基礎知識として、一人暮らしの高齢者をめぐる状況や、支援における民生委員の役割、支援を考える際のポイントなどを取りあげます。

第2章は、実際に民生委員の皆さんが一人暮らしの高齢者や関係者などから相談を受けたり頼まれたりした場面ごとに、どのように対応すればよいかを解説します。

第3章は、地域のなかで一人暮らしの高齢者が安心して暮らせるように、民生委員による訪問や地域住民等と協力して行う見守り活動、サロン活動、認知症のある高齢者の支援などについて活動の内容や取り組み方法を解説します。

第4章は、防災、防火、防犯、家庭内での事故、さらに孤独死など、一人暮らしの高齢者の身近なリスクを取りあげ、その予防や対処方法を解説します。

第5章は、一人暮らしの高齢者が人生の最期のときをなるべく安心して心穏やかに迎えられるよう、亡くなった場合の対応（葬儀や死後事務）や遺産の寄付など、生前にできる備えについて解説します。

本書の特徴＝力を入れた点

本書の執筆にあたっては、実際に一人暮らしの高齢者の支援に役立つ内容とするため、特に次の二つの点を意識しました。

①依頼を断るだけでなく代替手段を検討するために、依頼を受ける理由なども解説

各地の民生委員児童委員協議会のなかには、「民生委員活動の手引き」や「ガイドブック」を作成しているところがあります。それぞれ内容が工夫されていますが、一つだけ気になっていることがあります。

それは、例えば「救急隊員から救急車への同乗を頼まれたらどうするか」という問いに対する回答が、「民生委員は救急車に乗る義務はないので断ってよいです」だけで終わっていることが多いということです。これは「入院の保証人を頼まれた」「アパート契約の保証人を頼まれた」といった場合の回答でも同様です。

私もこのような場合「断ってよい」と思いますが、民生委員の皆さんに対する回答（説明）としては、それだけでは不十分だと思います。

なぜなら、「救急隊員が救急車への同乗を求める理由」や「病院やアパート経営者が保証人を求める理由」に触れていないからです。もちろん、それは民生委員には関係ないという考え方もありますが、これらの人が意味もなく民生委員に頼んでくるわけではありません。それなりの理由や事情があるから頼んでくるわけです。

それにもかかわらず、民生委員は「断って終わり」では、結局は一人暮らしの高齢者が困ることになりかねません。そこで、民生委員としてもそれらの依頼を受ける背景や事情を知り、そのうえで、できる範囲で別な対応方法を検討できるように、第2章では「依頼を受ける理由」にも言及し解説をしました。

②例外的な対応をする場合でも絶対に守るべきことを解説

　全国各地の民生委員の方々と話すと、「対応しなくてよいことはわかっていたけどほかに方法がなくやむを得ず対応した」という話を聞くことがあります。そのたびに私は民生委員の皆さんに頭が下がる思いをしています。

　ただし、いくら民生委員がやむを得ず善意で行ったことであっても、場合によってはあとから責任を問われる可能性もゼロではありません。そこで、このような例外的に対応する可能性がある項目では、「その場合でもこの点だけは絶対に守る必要がある」「この点は特に気をつけたほうがよい」ということについても解説をしました。

本書を読んでいただくにあたって

　現在、一人暮らしの高齢者が抱える不安や課題に対応する国レベルの支援策は不十分です。他方、独自に支援策を整備している自治体もあります。その一部は先進事例として紹介していますが、皆さんが支援する際には、自分の住んでいる地域にどのような支援策があるか必ず確認してください。

　また、皆さんの属する民生委員児童委員協議会や自治体が「民生委員活動の手引き」や「ガイドブック」などを作成している場合もあります。それらのなかで「本書と同様の質問があるが、答えは本書と違う」ということがあれば、それらの「手引き」や「ガイドブック」のほうを優先してください。なお、これは本書が間違いなどではなく、地域の事情や重点の置き方で答えが異なる場合がある、ということです。

　本書がこれまでの民生委員シリーズと同様、多くの民生委員の皆さんにお読みいただき、日々の活動の一助になれば幸いです。

目次

第 ⑤ 章　最期のときとその後に備える

著者紹介

本書の表記について

本書では以下の用語について、略称で表記しています。

略称

・民生委員・児童委員 ……………… 民生委員

・民生委員児童委員協議会 ………… 民児協

・社会福祉協議会 …………………… 社協

第**1**章

一人暮らしの高齢者の支援にかかわる基礎知識

① 一人暮らしの高齢者を理解し必要な支援をする

② 一人暮らしの高齢者に生じる課題やリスク

③ 民生委員の職務の範囲を考える手がかり

④ 公的サービスとその他のサービスの両方を活用する

⑤ 一人暮らしの高齢者の支援と民生委員に期待される役割

1 一人暮らしの高齢者を理解し必要な支援をする

一人暮らしの高齢者を支援する場合、大切なことはどんなことですか。

1. 一人暮らしの高齢者を知ることからはじまる

答え
　かつては誰もが成人すれば結婚して子どもを授かることが当たり前とされ、親子は同居して当然とされていました。夫婦が高齢になりどちらかが亡くなっても、そもそも子ども家族と同居しているため一人暮らしになる高齢者はあまりいませんでした。

　そのような時代に例外的存在ともいえる一人暮らしの高齢者は、世間からは「さみしい人」と思われることが少なくありませんでした。

　しかし、今は婚姻率が下がり、仮に結婚しても夫婦で親と同居する割合は減っています。また、結婚しても子どもをつくらない世帯も増えています。

　その結果、以下のようなさまざまな経過を経て一人暮らしをしている高齢者がいます。

①結婚することなく若い頃から一人暮らしを続けてきた人
②結婚し、子どもが巣立って夫婦二人になり、その後配偶者を亡くして一人暮らしになった人
③結婚はしたものの子どもはおらず、配偶者が亡くなり一人暮らしになった人

これら以外にも、離婚によって、あるいはさまざまな人生を経験して一人暮らしをしている高齢者は増えています。また、人生100年時代といわれるように、寿命が延びたことから、一人で暮らす期間も長くなっています。

2. 一人暮らしの高齢者に対する支援の必要性

（1）一人暮らしは特別なことではない

現代は、一人暮らしが一つのライフスタイルになり、高齢者の一人暮らし生活の指南書が書店に並ぶ時代です。

年代は少し若くなりますが、テレビや動画サイトでは一人でキャンプする「ぼっちキャンプ」（ソロキャンプという場合もあり）の映像が流れ、一人で外食を楽しむ番組もあります。

年齢を問わず、「一人でもいろいろなことが楽しめる」という考え方は社会全体に広まっています。今は、高齢者を含めて一人暮らしや一人で何かをすることに抵抗がなくなったといえる時代です。一人暮らし自体が問題であるとか、それだけで支援を必要とするわけではないということです。

（2）一人暮らしの高齢者が支援を必要とするとき

では、民生委員が一人暮らしの高齢者を支援するとは具体的にどういうことでしょうか。

一人暮らしの高齢者は、一人暮らしであることそのものが理由で支援を必要としているわけではなく、身近にあるさまざまな課題やリスクに直面すると周囲からの支援を必要とするということです。

その場合でも、一度は自力で解決しようとする高齢者もいます。しかし、高齢になれば若い頃と違って心身の機能は低下していますし、かつては頼ることのできた友人関係なども減っていきます。また、アパートの入居など、一人暮らしの高齢者というだけでハードルが高く

なる契約もあります。こうして、一人暮らしの高齢者は問題解決力や対応力が低下するなかで、周囲からの支援を必要とする度合いが高まり、そこでは民生委員による支援も期待されているということです。

（3）本人の選択の自由と支援の関係

人には自分のことは自分で決める権利があり、それはもちろん一人暮らしの高齢者であっても例外ではありません。周囲は明らかに支援が必要だと思っても、かたくなに支援を拒否する高齢者はいます。

確かに、本人の意思の尊重は重要なのですが、例えば「ゴミ屋敷」のような場合、本人の意思の尊重だけでは近隣住民は悪臭や不衛生な環境に対する我慢を強いられることになり、問題解決にはなりません。

問題解決に向けては、本人の自由と、もう一方にある「近隣住民の平穏な生活環境の維持」との折り合いをどうつけるかが重要になります。本人の意思の尊重は大切ですが、尊重することと、何でもいうとおりにすることは違うということです。

3. 民生委員が行う見守り活動

「一人暮らし高齢者の名簿」を自治体から受け取ったり、あるいは自ら関係を築いたりして民生委員は見守り活動をしています。

一人暮らしの高齢者の多くは課題やリスクと隣り合わせで生活しています。それらに直面したときに、自らSOSを発信できる人はよいのですが、SOSを発信したくてもできなかったり、発信することをためらってしまったり、なかには自分が問題に直面していることを自覚できない場合もあります。

そのようなときに、時機を失することなく適切な支援や対応ができるように、民生委員は日頃から見守り活動をしているというわけです（**第3章④**参照）。

4. 必要な支援は人によって異なる

　前述の **1** で述べたように、現在の生活は一人暮らしであってもそれまでの経験は皆違います。特に家事や日常生活で必要とされる手続きなどについて慣れているかどうかは、一人暮らしの生活の質を大きく左右します。

　例えば、一般に男性は家事能力が低いとされていますが、実際には若い頃から何十年も一人暮らしを続けてきて調理、洗濯、掃除など何でも自分でこなし、ゴミの分別もしっかりできる人がいる一方、家事をすべて任せていた妻を亡くし、何から手をつけてよいかわからず途方に暮れる人もいます。

　もちろん女性であってもこのような違いは生じるでしょうが、いずれにしても、その人のもつ家事能力や問題対処能力によって周囲による支援の必要性や内容は異なります。また、今は何でも自分でできる人であっても、加齢とともにできなくなることが増え、その結果、支援を必要とするようになっていきます。

5. 支援で大切なことは自己決定を尊重すること

　一人暮らしの高齢者は、毎日の生活のなかでさまざまなことを自分で判断し生活を管理しています。そのことを踏まえると、民生委員が一人暮らしの高齢者と接するときに特に意識したほうがよいこととして、"一人暮らしの高齢者の「自分で決める」を大切にする"ことがあげられます。堅い言葉を使えば「自己決定の尊重」です。

　例えば、何かのサービスを利用する場合でも、誰かから押しつけられたと思うのではなく、利用するかどうかは自分が決めたということであれば、本人は納得し、その後のサービスの利用に対する満足度も高くなるでしょう。

② 一人暮らしの高齢者に生じる課題やリスク

一人暮らしの高齢者が生活に不安を抱えることはなんとなくわかるのですが、具体的にどのような課題やリスクがあるのでしょうか。

1. 一人暮らしの高齢者の生活上の課題やリスクの考え方

(1)「一人暮らし」と「高齢者」の二重の課題やリスク

一人暮らしであれば、誰かに気兼ねせず自分で日々の生活のペースを組み立てられますし、ストレスは少なく、自然体で気楽な毎日を過ごせます。また、自分でできればという条件はつきますが、家事を自分一人でこなす必要があることから、高齢になったときの一人暮らしは、心身機能の維持に適しているという見方もあります。

一方で、一人暮らしの高齢者には「一人暮らしであること」と「高齢であること」の二重の意味で課題やリスクがあります。

例えば、一人暮らしという点に着目すると、年齢が若ければ病気になる確率は低く、仕事や学校など社会的な参加の場もあり、そこでは人間関係という一定のセーフティネットがある程度機能しています。リスクが低いことから、例えばアパートを借りるときに一人暮らしであることがネックになることはありません。

同じ一人暮らしでも、高齢者は若い世代より病気やけがをする確率が高く、会社のような日々の参加の場も少ないことから、人間関係というセーフティネットは弱まり、体調急変時の対応の遅れなどのリスクが高まります。そして、このような心配から安定した収入があって

もアパートを借りられないという問題が生じることもあります。

　これらについてはもちろん個人差があり、例外もありますが、とはいえ、一般的には高齢になれば心身機能が低下し、社会関係が薄まり、収入も減少あるいは不安定になります。そこに一人暮らしという条件が加われば、さらに課題やリスクが高まることになります。

(2) 課題やリスクを知り、備えることが大切

　一人暮らしの高齢者が安心して一人暮らしを続けていくためには、これから起こる可能性のある課題やリスクから目を背けるのではなく、それらの内容を知り、日頃から備えておくことが大切です。

　次の **2** で具体的な課題やリスクについて紹介しますが、これらは、何らかの対策をとれば、予防したり、発生を遅らせたりして、リスクを軽減することが可能です。なお、それぞれの課題やリスクに対する対策の内容については、第2章以降の各項目で紹介します。

2. 一人暮らしの高齢者が抱える生活上の課題やリスクの内容

　一人暮らしの高齢者には、同居者がいないこと、心身機能が低下すること、仕事などの社会参加が減ったりなくなったりすることなどを背景として、次のようなさまざまな課題やリスクが生じます。

(1) 社会参加が減ることによる心身機能の低下

　頭やからだは使わなければ機能は減退するので、出かける場や参加する場が減れば心身機能も低下します。また、同居者がいないことで日々の会話による刺激がなくなったり、身近なことで感謝されるようなことがなくなったりすることも心身機能の低下につながります。

(2) 家事が困難になった場合に起こるさまざまな問題

　体力の低下や認知機能の低下などでゴミ出しが困難になった場合、不衛生な環境になりますし、場合によってはいわゆる「ゴミ屋敷」の状態になる可能性があります。買い物では、遠いところへの買い出し

や重い物の購入が大変になります。

「自分だけだからいい」という発想になると、食事も自分の好きな物だけ、あるいは手間がかからない物だけになり栄養が偏り、体調を崩す原因になります。また、掃除の回数や風呂の水を入れ替える回数を減らせば、それだけ衛生環境が悪くなります。

（3）家の中で倒れた場合の発見や対応が遅れ、孤独死の可能性も

室内で転倒して骨折をしたとき、家族がいれば大きな声を出せば気づかれるでしょうが、一人暮らしでは期待できません。一人暮らしだと自分で電球の交換をしたり、高いところの物を取ったりすることになるので、落下や転倒による骨折のリスクが高まります。また、脳梗塞などで倒れた場合は、自力では動けず、声も出せません。最悪の場合、そのまま孤独死する可能性もあります。

（4）体調が悪くても簡単に病院に行けない

程度にもよりますが、体調が悪く自力で病院に行くことが難しい場合、一人暮らしだと車で送ってもらったり、通院に付き添ってもらったりすることができません。仮に病院に自力で行けたとしても、その後の受付などの手続きが大変です。経済的動機を含め、多少のことだと我慢し、病気が悪化してしまう場合があります。

（5）認知症の発見と対応が遅れる

通常の病気やけがであれば本人が自覚でき、誰かに手伝ってもらいながら通院することも可能ですが、認知症の場合そうはいきません。日々その人に接している人でなければ変化には気づかず、何らかの問題が生じてから周囲が気づくことがあります。そして、認知症が進行すれば、服薬管理や金銭管理なども難しくなります。

（6）入院や施設への入所にハードルがある

病院への入院や施設への入所の際に保証人をつけることを要求され

る場合があります。頼める相手がいれば問題ありませんが、周囲に頼める相手がいない場合は苦労することになります。

（7）賃貸住宅の入居にハードルがある

賃貸住宅の契約にあたって、一人暮らしの高齢者は家賃の滞納や孤独死を心配して貸し渋りにあうことがあります。そのため、ほとんどの賃貸住宅が連帯保証人をつけることを契約の条件にしています。

（8）ペットを飼う場合のリスク

高齢者がペットを飼うことは、散歩など健康維持につながりますが、ペットは生き物ですので、計画的に準備をして飼わないとペットを不幸にしてしまう可能性があります（**第2章③**参照）。

（9）災害時の困難

災害時に自分の身を守るためには正確な情報の入手が不可欠です。しかし、視力や聴力が低下していたり、スマートフォンやインターネットなどを使いこなせなかったりすると情報の入手に困難が生じます。また、備蓄品の購入、災害発生時の避難などにも一人だとさまざまな困難が生じます。

（10）犯罪の被害にあいやすくなる

「振り込め詐欺」や「（振り込め詐欺以外の）詐欺」「強盗」「空き巣」など、一人暮らしの高齢者は犯罪の被害にあいやすいです。詐欺の場合、そばに誰かいなければ、怪しいと思ってもすぐに相談できず、そのうち相手のペースにはまってだまされることが少なくありません。一人暮らしだと抵抗されないだろうということで、強盗に狙われやすくなりますし、外出が確認できれば家には誰もいないことがわかるので空き巣にあいやすくなります。

3 民生委員の 職務の範囲を考える手がかり

一人暮らしの高齢者からさまざまな相談ごとや頼まれごとがあります。なるべくできることはしてあげたいと思う一方、「ここまでする必要があるのか」「民生委員としてそもそもどのようなことにどの程度かかわればよいのか」と疑問に思うことも少なくありません。このようなとき、何を手がかりに判断すればよいでしょうか。

答え

1. 民生委員法の職務の規定が基準となる

(1) ボランティアと対比して民生委員の根拠を確認する

　地域でボランティア活動をしている人は、自分の好きな場所で好きなときに好きな分野の活動をすることができます。もちろん相手のあることであり、また、グループで活動すれば一定のルールもあるので、まったく自分の好き勝手に活動できるということではありませんが、基本的にはボランティアは自分の自由な判断のもとで行える活動です。そして、その人が「私はボランティアをしています」と自己紹介することも自由です。

　このようにボランティアの人が自由に活動し、自由に名乗ることができるのは、ボランティアに対して職名を与えたり、規制をしたりする法律がないからです。

　一方、民生委員は、ボランティアとは異なり、地域から推薦を受け、一定の手順を踏んで厚生労働大臣から委嘱を受けた人だけが民生委員になっています。これらの一連の手続きは民生委員法（以下、法）に

基づいて行われることから、民生委員の職務の内容を考える場合にも、まずは法の規定を参照する必要があります。

（2）民生委員法が規定する民生委員の職務

法第14条は民生委員の職務を次のように規定しています。

第14条　民生委員の職務は、次のとおりとする。
　一　住民の生活状態を必要に応じ適切に把握しておくこと。
　二　<u>援助を必要とする者がその有する能力に応じ自立した日常生活を営むことができるように生活に関する相談に応じ、助言その他の援助を行うこと。</u>
　三　<u>援助を必要とする者が福祉サービスを適切に利用するために必要な情報の提供その他の援助を行うこと。</u>
　四　社会福祉を目的とする事業を経営する者又は社会福祉に関する活動を行う者と密接に連携し、その事業又は活動を支援すること。
　五　社会福祉法に定める福祉に関する事務所（以下「福祉事務所」という。）その他の関係行政機関の業務に協力すること。
2　民生委員は、前項の職務を行うほか、必要に応じて、住民の福祉の増進を図るための活動を行う。　　　　　　　　（下線部筆者）

このなかで住民に対する支援について触れているのは第1項第二号と第三号です。これらの解釈と職務の関係を次の3点で説明します。

①冒頭にある「援助を必要とする者」の規定について

これは民生委員の援助の対象が、「生活保護を利用している」というような現に公的サービスを利用している人だけでなく、地域で困りごとを抱えている人や悩んでいる人等、幅広い人々を対象にしていることを指します。

②文末にある「その他の援助を行うこと」の規定について

これは民生委員の職務は「あらかじめ定められた特定のことだけを

すればよい」ということではなく、援助が必要な人がいればその人の立場に立って考え、その人が必要としていると思われる支援をすることが期待されていることを指します。

③責任について

これは法の解釈の前提になっていますが、民生委員には、国や地方自治体が法で定められている責任を果たす際の代理や肩代わりをする役割はありません。民生委員は、公的機関が直接もっている責任以外の部分でできることをするということになります。

以上、法第14条を参照してわかることは、民生委員は公的機関の肩代わりをするわけではないものの、幅広い職務を担うことが期待されており、その内容も一律ではなく、一人ひとりに合わせて柔軟に対応することが期待されているということです。

このことは公務員や専門職と大きく異なる点です。例えば、生活保護の担当者は生活保護法や関連する業務指針などに従い、その範囲のことを行います。

一方、民生委員の場合、法を参照しただけでは具体的に何をするのか、特に「どこまでするのか」や「することとしないことの区別」などはわかりません。そこで、法以外に民生委員の職務の範囲を考えるうえでの手がかりを次の **2** で紹介します。

2. 民生委員法以外に民生委員の職務の範囲を考える手がかり

(1) 民児協が出す指針や申し合わせなど

①必ず他の民生委員に相談する

悩んだときは、必ず民児協の誰かと相談することが大切です。相談する相手は基本的には民児協の役員が中心になってきますが、先輩民生委員、隣接地区の民生委員なども考えられます。あらゆる場面でい

えることですが、一人で判断しないことが大切です。

②民児協としての申し合わせ

　民児協として「こういうこと（とき）にはこのような対応をする」という申し合わせがすでにある場合があります。文書になっている場合もあれば、そうでない場合もありますが、いずれにしても他の民生委員や事務局に確認してください。申し合わせがあれば、それに基づいて判断することができますし、なければその時点で関係者と相談して、その合意のもとで必要な対応をすることになります。

③全国および都道府県や指定都市等の民児協が出している指針や手引き等

　全国および各都道府県や指定都市等の民児協から職務に関する指針や手引き等が出ています。作成には行政の関係部署もかかわっていたりするので、その内容は職務を考える際の目安になります。また、各民児協の機関誌の質問コーナー等で解説をしている場合もあります。

（2）法以外で公に示されているもの

　民生委員活動の個々の課題に対応した説明文書が、厚生労働省から都道府県に対して事務連絡等の名称で出されており、この内容も参考になります。

　一例として、「令和3年8月の大雨による災害に対する民生委員活動について」という事務連絡（厚生労働省社会・援護局地域福祉課　令和3年8月16日）がありますが、この事務連絡では、災害時に民生委員が取るべき行動が具体的に示されています。

　職務の内容について悩む場合は、まずは民児協で相談してください。そうすれば、指針や手引き、事務連絡等の情報も得られます。

4 公的サービスとその他の サービスの両方を活用する

一人暮らしの高齢者からさまざまな相談を受けるのですが、そのなかには公的サービスだけでは解決できないことも含まれています。そのような場合、どう対応すればよいでしょうか。

1. 困りごとへの対応には、まず公的サービスの活用を検討する

（1）適切な支援につなぐ

　一人暮らしの高齢者から困りごとの相談を受けたとき、民生委員に期待される役割の一つは「適切な支援につなぐこと」です。

　この場合のつなぎ先としては、市町村（役所）や地域包括支援センターなどがあります。そして、そこでの相談や手続きなどを経て、さまざまな公的サービスを利用することができます。

　例えば、現に生活に困窮している場合は生活保護制度の利用が考えられるので、民生委員はその窓口となる福祉事務所を紹介する（つなぐ）ことになるでしょう。介護のことで困っていれば、自治体の介護にかかわる窓口や最寄りの地域包括支援センターを紹介する（つなぐ）ことになるでしょう。

（2）公的サービスの特徴

　このように、法律に基づいて提供される公的サービスは定められた要件を満たした人が必要な手続きをすれば、だれでも利用することができます。そして、公的サービスには、税金や保険料などの財源の裏

づけがあることから、利用者は無料または低額で利用することができ、また、行政が実施に責任をもっているため、継続性や安定性があり、安心感につながります。

　一方で、手続きが大変だったり、利用要件が厳格だったりすることによって、柔軟な利用ができないといった不満の声もあります。

2. 公的サービスだけでは困りごとに対応できないことがある

　介護が必要であれば、介護保険制度に基づく介護サービス（前述の公的サービスに該当）が利用できます。

　一方、「配偶者を亡くして一人暮らしになり、さみしいので話し相手がほしい」という場合はどうでしょうか。このような場合に、直接対応する公的サービスはありません。通常、地域で高齢者の集まるサロン活動や趣味活動などがあれば、そこを紹介する方法が考えられます。また、社協のボランティアセンターに登録している「話し相手ボランティア」や「傾聴ボランティア」などがいれば、その人たちにつなぐことも考えられます。場合によっては、「話し相手になるロボット犬や人形」を紹介するのもよいかもしれません。

　いずれにしても、民生委員は生活上のさまざまな困りごとや悩みの相談を受けることから、そのなかには公的サービスで対応可能なものがある一方、公的サービスでは対応不可能なものも少なくありません。もちろん、民生委員は相談されたことすべてに対応する義務があるわけではなく、また、一人で対応する必要もありません。

　とはいえ、相談を受けたら、なるべく何とかしてあげたいと思うことは多いでしょう。その相談内容が、公的サービスで対応できない（対応する公的サービスがない）場合には、公的サービス以外のサービスの利用を考える必要があります。

3. 公的サービスでは対応できない困りごとへの対応

公的サービス以外のサービスは、一般にインフォーマルサービスと呼ばれます。提供主体によってさまざまな形態のサービスがあり、地域によっても異なりますが、その概要を知っておくことは問題解決のための対応を考える際に役立つでしょう。ここでも以下、インフォーマルサービスと呼び、その内容を解説します。なお、前述の制度に基づく公的サービスは、一般にフォーマルサービスと呼ばれます。

4. インフォーマルサービスの内容

提供する主体となる組織や事業に着目して整理すると、表のようにさまざまなインフォーマルサービスがあります。

組織や事業	サービス内容や支援の例
企業が行う事業	・警備会社が急変時に駆けつける見守りサービス ・高齢者向けの食事を宅配するサービス
企業等による＋αの配慮	・郵便物を郵便受けに入れず手渡しする（安否確認） ・新聞配達中、郵便受けに新聞がたまっていたら通報する
社会福祉法人が行う地域貢献事業	・本来行う社会福祉事業以外の事業として地域貢献事業をする（介護施設が地域の高齢者のために行う介護予防教室、弁当の宅配など）
ＮＰＯ等の非営利組織の事業	・低料金で行う外出支援や移動支援サービス、買い物代行、犬の散歩、草刈りなど
シルバー人材センターの事業	・低料金で行う草刈り、枝の剪定、障子の張り替えなど
町内会や近隣住民、ボランティア（地区社協）の活動	・見守りネットワーク、話し相手、ゴミ出し支援、サロンの集まり、ラジオ体操やサークル活動など

5. 民生委員としてインフォーマルサービスを紹介する

表で紹介した以外にも、友人による個人的な支援や高齢者同士の助け合いなど、インフォーマルサービスは多様です。フォーマルサービスを利用する場合は公的機関につなげばよいのに対し、インフォーマ

ルサービスの場合は、さまざまなつなぐ先があり、またその内容がはっきりしない場合もあります。

　民生委員としては、インフォーマルサービスを紹介する際、サービスの特性を踏まえて以下の点を意識しておきましょう。

（1）地域で実施されているインフォーマルサービスを知っておく

　インフォーマルサービスがあるかどうかは地域によって異なり、同じサービス名でも内容が異なることもあります。そのため、日頃から地域のインフォーマルサービスについて情報収集しておくとともに、民児協などで情報共有できるとよいでしょう。

（2）フォーマルサービスとインフォーマルサービスの併用

　フォーマルサービスとインフォーマルサービスは二者択一ではなく、併用できるなら、なるべくそうしたほうがよいでしょう。例えば、週三回のデイサービス利用に加え、それ以外の日に定期的に地域のサロン活動に参加していれば、異変などに早めに気づいてもらえる可能性が高まります。

（3）有料の民間サービスを購入することも選択肢の一つ

　インフォーマルサービスのなかには、高齢者を見守る最先端機器のように、利用には費用がかかるものの、費用さえ負担できれば役立つものが少なくありません。利用できる人は限られるかもしれませんが、このような民間サービスの情報も提供できるとよいでしょう。

（4）内容や費用などが不明確なサービスは紹介しない

　インフォーマルサービスは自由に取り組める分、安定性や継続性に課題があったり、利益優先で事業を行う会社も一部にはあったりします。そのため、内容や費用などが不明確なサービスを紹介することは避けたほうがよいでしょう。

5 一人暮らしの高齢者の支援と民生委員に期待される役割

一人暮らしの高齢者の支援にあたって、特に民生委員に期待される役割や、民生委員だからこそできることなどがあれば教えてください。

　ここでは、実際に民生委員の皆さんからうかがった、一人暮らしの高齢者とのかかわりや支援についてのお話を手がかりにして、民生委員の皆さんに期待される役割や、民生委員だからこそできることについて紹介します。

1. 話を真剣に聴く

ある民生委員の新任当時のお話です。

> 一人暮らしの高齢者が訪ねてきて、「話を聴いてほしい」といわれたので、自分に何ができるんだろうと不安になりながらも一生懸命その人の話を聴きました。すると、その人から最後に「いろいろと話を聴いてもらって気持ちが落ち着き、心の整理ができました。ありがとうございました」といわれました。

家族や親戚、仲のよい友人がすぐ近所にいるような場合は別だと思われますが、一人暮らしの高齢者の多くは、話す相手が限られているか、極端な場合には、まったく話す相手がなく日々を過ごしていることがあります。そのような高齢者は、不安なことがあるとそれを自分で抱え込んで、あれこれ一人で悩み、結果的に不安を増幅させてしまいます。なかには、そこにつけ込み金銭目的で近づく、偽宗教団体や

悪質業者もいます。

　困りごとや不安なことがあるときに、近くに住んでいて日頃から親身になって話を聴いてくれる民生委員は、一人暮らしの高齢者にとって心強く貴重な存在です。まずは、その人の「話を真剣に聴くこと」が何よりも大切です。

2. 困ったときに思い出してもらえるように、つながりをもち続ける

　ある民生委員の訪問に関するお話です。

> 一人暮らしの高齢者を最初に訪問したとき、「民生委員に世話になることはない」といわれました。そのとき「何か困ったことがあればいつでも連絡をください。よかったら冷蔵庫にでも貼っておいてください」といって、私の連絡先を書いたメモと貼るためのマグネットをお渡ししました。その後、市役所から依頼された配布物を届けたり、調査で訪問したりしたときも迷惑そうにされていましたが、何とか応答はしてくれました。そして、しばらくするとその人から「相談したいことがある」という電話がかかってきました。

　民生委員が一人暮らしの高齢者を訪問したときに、必ずしも歓迎されるとは限りません。多くの場合、それまで自分一人で生活を組み立て、自分なりの生活を送ってきたわけですから、「一人で何とかできる。他人の世話になる必要はない」と思っていても当然でしょう。

　そして、自分なりに組み立ててきた生活のペースを乱す要因になると考え、民生委員とのかかわりを警戒することもあるでしょう。

　一方で、加齢とともに心身機能は低下していきます。また、それまで頼りにしていた友人が亡くなったり、関係が疎遠になったりなど、個人としてもっていたセーフティネット機能も弱っていきます。

そうしたなかで困りごとや悩みごとが生じた場合、すぐに相談できる家族や友人などがそばにいなければ、とりあえず相談する相手として民生委員のことが意識されることも、少なからずあるでしょう。

この例では、連絡先を冷蔵庫に貼っていたことが連絡をもらうことにつながりました。何かのときに民生委員の存在を思い出してもらえるように工夫しながら、つながりをもち続けることが大切です。

3.「あなたのことを気にかけています」というメッセージを送り続ける

2020年から流行しはじめた新型コロナウイルス感染症の影響により、私たちは行動制限や三密（密閉、密集、密接）を避ける新しい行動様式への対応を求められました。この新しい行動様式は、対面で会話をしたり、みんなで集まることを難しくさせましたが、多くの民生委員は「自分たちの活動は地域にとって不可欠の活動」ということを再認識し、感染予防に十分配慮しながら、地域の実情に応じた創意工夫をして活動を継続しました。

当時、民生委員の皆さんは一人暮らしの高齢者に対し、次のような方法で「あなたのことを気にかけています」というメッセージを送り続け、つながりを維持していました。

・定期的に電話をする

・サロン活動の人数を減らし、広い場所や屋外で行う

・様子が気になる場合は訪問し、玄関の中に入らず距離をおいて話す

・郵便受けに定期的に手紙や市町村（役所）からのお知らせなどの資料を入れる

・夏の時期に往復はがきを送り、熱中症の注意喚起をするとともに、返信欄で生活状況の確認をし、必要な対応をする

・メールが使える人とはメールを使ってやりとりをする

これらの取り組みのほとんどで、「一人暮らしの高齢者から非常に感謝された」というお話を聞きました。

新型コロナウイルス感染症という得体の知れないものは誰にとっても不安を感じるものでしたが、一人暮らしの高齢者の場合、なお心細かったのではないかと思います。そして、そのような状況になると日頃は多少の交流がある近所の人との関係も途切れてしまいます。

どんなときも、「あなたのことを忘れていませんよ。気にかけていますよ」というメッセージを民生委員が送り続けることは、確実に一人暮らしの高齢者の安心につながっていることでしょう。

4. 災害のときには特に意識して一声かける

災害という特別な状況下でのお話です。

> 豪雨から一夜明けました。私の町では一部の住宅で床下浸水の被害がありました。雨は完全にやみ、道路は安全だったので、とりあえず近場の一人暮らしの高齢者宅を順番に訪問しました。皆さん心細そうにしており、訪問すると安堵した表情を浮かべ、なかには涙ぐみながら昨日の豪雨が怖かったと話をされる人もいました。

災害時は、誰でも心細くなります。一人でいればなおさらです。そのようなときに知っている人の顔を見れば何よりも安心するでしょう。そして、怖かった経験を一人で抱え続けるのではなく、誰かに聞いてもらえば徐々に恐怖感は薄らいでいくでしょう。

災害時、民生委員にはいろいろな役割が期待されていますが、まずは短時間でよいので、安全であることが確認できたら、一人暮らしの高齢者に顔を見せ、一声かけることが大切です。

一人暮らしの高齢者や関係者からの相談・依頼にどう対応するか

① 子どもから「同居しよう」といわれていると相談された

② 救急隊員から救急車への同乗を頼まれた

③ ペットを飼うことについて相談された

④ 入院、入所の保証人になってほしいと頼まれた

⑤ アパートを借りられなくて困っていると相談された

⑥ 認知症になったときのために備えておきたいと相談された

⑦ 日常的な金銭管理を頼まれた

⑧ 買い物などの外出で困っていると相談された

⑨ ゴミ出しが大変と相談された

⑩ 入院した高齢者に必要な物品を自宅から持ってきてほしいと頼まれた

① 子どもから「同居しよう」といわれていると相談された

最近、夫を亡くして一人暮らしになった高齢者がいます。東京に住む息子さんから「心配だから自分たち一家と同居したらどうか」と誘われているそうです。「どうしたらよいと思うか」と相談を受けたのですが、民生委員としてどのように答えればよいでしょうか。

1. 子どもとの同居に関する判断の基本的な考え方

　離れて暮らしていた子ども夫婦と年をとってから同居する場合、プラス面とマイナス面があります。特に、住んでいた家を処分して子どもと同居をはじめたような場合、うまくいかなかったときに戻る場所がないということになります。さまざまな角度から同居することのプラス面とマイナス面を考えて、慎重に判断する必要があります。

2. 子どもが親との同居や呼び寄せを考える

　かつて「呼び寄せ老人」という言葉が注目されたことがあります。この言葉は、それまで故郷で離れて暮らしていた高齢の親を都会やその周辺に住む子どもが呼び寄せて同居をはじめることをいいます。

　離れて暮らす子どもは、両親が二人とも健在であればそれほど心配になりませんが、どちらかが亡くなると残された親のことが気になりはじめ、特に親の病気等をきっかけに呼び寄せを提案することが多いようです。近年は、同居だけでなく、子どもの自宅近くのアパートや高齢者向け住宅に住んでもらう、近居への呼び寄せの例もあります。

3. 子どもと同居することによるメリット

同居の場合、通常は毎日顔を合わせるので、具合の悪さや認知症の進行等の心身の変化に早めに気づき、必要な対応をすることができます。自然災害や火事、犯罪被害、熱中症等の万が一のことを考えても、同居によりさまざまなリスクを軽減できることは確かです。

また、遠方の親を訪ねるための費用が不要になりますし、親が生活費を入れることで子ども世帯の家計が助かる場合もあります。子どもが親に仕送りしていた場合であれば、一緒に暮らすことによって仕送りが不要になり、全体の支出を減らすことができます。

4. 子どもと同居することで起きる可能性のある問題

同居による環境変化は心身の不調の原因になりますし、それまでの近所付き合いや友人関係も薄れることになります。新しい土地での関係づくりは容易ではないため、日中ひきこもりがちにもなります。また、家族とはいえ、これまでの別の生活によって確立されている生活習慣の違いがストレスになり衝突することもあります。

さらに、子ども家族からみると、食事や洗濯などの手間が増えることになり、それが実際に家事を担っている人の不満を高める場合もあります。

5. 民生委員としてのかかわり

子どもと同居したもののうまくいかなかった例は少なくありません。配偶者との別れから間もないと、さみしさから同居を選択する傾向にありますが、民生委員は、「これからの自分の生活をイメージし、冷静に検討する」ことを話すとよいでしょう。

また、子どもと同居しなくても、地域との関係や見守り機器の活用などにより、一人暮らしの生活に伴うリスクをある程度軽減できることも伝えられるとよいでしょう（**第3章⑤・⑥・⑦参照**）。

② 救急隊員から 救急車への同乗を頼まれた

担当地区の一人暮らしの高齢者が救急車で搬送されました。様子を見に行ったところ、救急隊員から「民生委員なら同乗してもらえませんか」と頼まれました。そのときは、そのあとに大事な用事がありお断りしましたが、なるべくなら同乗したほうがよいのでしょうか。

答え 1. 救急車への同乗を求められた場合の基本的な考え方

民生委員が救急車に同乗することは義務づけられていないので、同乗を求められた場合、断って構いません。救急隊には同乗を強制する権限はなく、同乗者がいなくても病院に向かう責任があります。過去には、ある市役所が消防署に対して「民生委員に救急車への同乗を強制しないよう」申し入れたという例もあります。

2. 事情に応じて同乗したり、病院へ同行したりする場合

一方で、民生委員が救急車に同乗してはいけないという決まりがあるわけではないので、これまでの関係性やその高齢者の事情等を勘案して民生委員自身の判断で救急車に同乗しても問題はありません。

ただし、病院からの帰りの交通手段は自分で確保する必要があります。そこで病院へ同行する場合は、救急隊から搬送先の病院名を聞き、救急車には同乗せず、可能なら自家用車で行く方法が考えられます。特に、夜間や公共交通機関の不便なところでは注意が必要です。

3. 救急隊は情報源として民生委員に同乗を求めることがある

救急隊は搬送のため病院に連絡し、了解を取れたらその病院に向か

います。患者の受け入れを依頼する際、また病院到着後に、必要な医療を迅速に受けられるようにするため、現在の症状だけでなく、一般的に次のような情報を必要としています。

> ・氏名、生年月日、血液型、身長、体重、持病、アレルギーの有無
> ・通院歴、手術歴、かかりつけ医、服用中の薬
> ・今回の症状の発症時期、嘔吐や下痢の有無
> ・加入している保険（保険証の確認）、緊急連絡先　など

　本人に意識があったとしても、容態が悪ければこれらの質問に答えることは困難です。そのような場合に、その人のことをよく知っていると思われ、身元も確実である民生委員がいれば、救急隊としては情報入手とその後の対応のために同乗を求める場合があるということです。

4. 民生委員としてのかかわり

（1）日頃からの準備で救急隊に必要な情報を提供できる

　上記で列挙した情報のうち、当日の症状は別にして、氏名や生年月日などの基本情報、持病やかかりつけ医、通院歴、アレルギーの有無などは、本人が日頃からそれらをまとめたノートやお薬手帳を身近な場所に置いておき、緊急時にそれを本人から手渡すことで救急隊にスムーズに情報提供できます。また、その保管場所を本人から民生委員があらかじめ聞いておき、同意を得ていれば、万が一のときに民生委員から救急隊に手渡すこともできます。

（2）緊急連絡先に連絡をする

　救急隊から搬送先の病院名を告げられた場合、民生委員は登録している親族等へ連絡をしてください（そのように救急隊から頼まれる場合もあります）。とりあえず民生委員が病院に行った場合でも、以降の対応はなるべく早く親族等に委ねることが原則です。

③ ペットを飼うことについて相談された

一人暮らしの高齢者から「さみしいから今度ペットを飼おうと思うんだけど、どんなことに気をつけたらよいのかね」と相談されました。どのように答えればよいでしょうか。

1. ペットを飼うことの意義や効果

犬や猫など（以下、ペット）を飼う人は、年齢を問わず、かわいい、心がなごむ、疲れて帰宅したときに癒されるなどといいます。特に一人暮らしの高齢者の場合、次のような効果が期待できます。

①決まった時間に餌をあげる、散歩をするなど、毎日、規則正しい生活を送ることができる

②（主に犬の場合）散歩をすることで運動習慣が身につく

③世話をすることで日々の生活に張り合いや変化が生まれる

④世話をするために自分の健康を意識した日常を送るようになる

⑤ペットの飼育を通して人との交流や、仲間や知り合いが増える

2. 法律で決められているペットの飼い主の責任と役割

一人暮らしの高齢者にとってペットを飼うことは多くの効果が期待できますが、ペットは生き物ですので、飼う以上は相応の責任をもつ必要があります。

動物の愛護及び管理に関する法律は、飼い主に「終生飼養」（ペットを最期まで適切に飼育すること）するよう努力する義務を課すとともに、主に次のような内容の責任や役割を課しています。

①適切に餌や水をあげたり、運動させたり、糞の後始末等をする

②みだりに繁殖しないよう去勢手術等をする

③感染性の病気を予防するために予防注射等を受けさせる

④病気になった場合に医療を受けさせる

⑤他人の身体や財産に害を与えたり迷惑をかけないように管理する

3. 一人暮らしの高齢者がペットを飼うときに考えたほうがよいこと

(1) 施設で飼うことと対比して考える

　老人福祉施設のなかには「アニマルセラピー」としてペットを飼い、その世話の一部を、施設を利用している高齢者が行い、生きがいや日課づくりにつなげている例があります。この場合、高齢者がペットの世話をするという点は一人暮らしの高齢者と同じですが、大きく違うのは、施設として飼育に責任をもち、必要な準備やフォローをするということです。

　例えば、餌の購入や予防注射、衛生管理などは施設が行いますし、高齢者が世話をすることができなくなれば施設職員が代わりに行います。一方、一人暮らしの高齢者の場合、周囲に手伝ってもらえることはあるかもしれませんが、まずは自分自身で飼い主としての基本的責任をもつ必要があります。

(2) 備えておくべきことを考える

　特に次のようなことを考えて、備えをしておく必要があります。

　第一に、経済的な面が持続できるかということです。飼い主は、自分の生活費以外に、ペットの餌代、衛生管理の費用、病気対応の費用等を将来にわたり、負担し続けられるかを考えておく必要があります。

　第二に、飼い主が認知症などで適切な飼育ができなくなった場合の対応です。実際に、一人暮らしの高齢者の認知症が進行して適切な飼

育ができなくなり、犬が繁殖を繰り返した結果、100頭近くの多頭飼育状態になった例があります。多頭飼育は猫でもありますが、悪臭、騒音、毛の飛散、ネズミやハエの発生などさまざまな問題が起こりますし、餌が十分でなくペットが栄養不良になることもあります。

加えて、ペットは財産と位置づけられるので、不適切な飼育をしていても、そのことだけで行政が没収したり預かったりするようなことはすぐにはできません。

第三に、飼い主が入院や施設に入所する場合の対応です。ごく一部例外的にペットも一緒に利用できる施設もありますが、通常は一緒に利用することはできません。

第四に、飼い主がペットを残して亡くなった場合の対応です。飼い主が死んだ場合、ペットは相続財産として扱われるので、残ったペットを相続人の同意なしに誰かに預けたり譲渡したりすることなどは原則として認められません。

第五に、これは必ずしも一人暮らしの高齢者に限った問題ではありませんが、災害で避難するときや被災した場合の対応です。国はペットと一緒の同行避難を推奨していますが、そのためにはケージの用意や、予防接種を受けさせておくこと、決められた場所で排泄できるようにしつけておくことなどが求められています。

子猫や子犬は特にかわいいので、つい飼いたくなりますが、高齢者が飼う場合、自分の余命とペットの平均寿命のことも考える必要があります。

4. 民生委員としてのかかわり

（1）飼う前に"ペットのためによく考えるように"と話す

ペットを飼うかどうかは本人の自由です。しかし、安易に飼いはじめてその後適切な飼育ができなくなると、前記のようなさまざまな問

題が生じ、近所にも少なからず影響が及ぶ可能性があります。

民生委員としては、「もし飼うのであれば、ペットの命を預かる責任を考えて、あらかじめこれらの点を検討し備えておいたほうがよい」というように、ペットのためという観点から話すとよいでしょう。

（2）対応や支援を頼める事業者等の情報を提供する

親族や友人などを頼れない場合に頼る先としては、ペットショップ、ペットホテル、ペットシッター、動物病院、NPO 等がありますが、いずれもそれなりに費用がかかります。

また、介護保険制度には、訪問介護員（ヘルパー）が自宅を訪問して身体介護（入浴や排泄の介助等）や生活援助（掃除や洗濯、調理等）を行う訪問介護サービスがありますが、ペットの世話はサービスの対象外ですので、頼むことはできません。ただし、要介護高齢者が訪問介護の身体介護を利用したあとに、費用を全額自己負担することを条件に同じ事業所にペットの世話を頼むことは認められています。

なお、死後のことに関しては、ペットを引き取る事業をしている NPO などとあらかじめ契約をして頼んでおく方法がありますが、そのほかにも、適切に世話をできる専門家などと信託契約を結んでおくことで、遺産をペットのために有効に活用する方法もあります。

（3）代替手段の提案

「さみしいからペットを飼う」という人のなかには、生き物のペットではなく、「動物型のペットロボット」を飼っている人もいます。大手電気メーカーなどが商品化しており、なかには表面を毛で覆い一見すると生きているかのようにみえるものもあり、会話ができたり表情を変えるなど、さまざまな機能をもつものが発売されています。

これで満足するか納得するかは人それぞれですが、満足している高齢者が少なくないことから、検討する価値はあると考えられます。

4 入院、入所の保証人に なってほしいと頼まれた

一人暮らしの高齢者から「入院をするので保証人になってほしい」と頼まれました。「民生委員は保証人になる必要はない」と聞いているので、断るつもりですが、もしほかに保証人が見つからなかった場合、入院はできなくなるのでしょうか。施設に入所する場合はどうでしょうか。
そもそも保証人にはどのような役割や責任があるのですか。

1. 保証人に関する基礎知識

(1) 保証人の呼び方と責任

保証人の責任について、民法には次のような規定があります。

> 第446条　保証人は、主たる債務者がその債務を履行しないときに、その履行をする責任を負う。

これを入院に当てはめて説明すると、「保証人は、入院をした人（主たる債務者）が入院費を払わない（債務を履行しない）とき、入院費を払う（その履行をする）責任を負う」ということです。

入院や入所にかかわる場合、名称としては保証人のほかに、身元保証人や身元引受人といった名称をつけている場合があります。

一方、住宅ローンなどでは一般に連帯保証人の名称が使われますが、連帯保証人の場合は本人（主たる債務者）と同等の責任をもつことになり、保証人よりも責任が重くなります。

（2）責任の範囲や程度は名称ではなく契約書の内容で決まる

このように書くと、「入院や入所の場合は連帯保証人ではないのだから、本人に代わって入院費等を払うといっても実際の責任はそれほど重くないのだろう」と思いがちですが、そうとはいえません。

先ほど参照した民法第446条の第2項には次の規定があります。

> 2　保証契約は、書面でしなければ、その効力を生じない。

ここからわかることは、保証にかかわる契約は書面でする必要があるということと、書面に書いてあることが効力をもつということです。

重要なことは、保証人、身元保証人、身元引受人等の呼び方ではなく、保証人等としてサインをする契約書に、保証人等の責任としてどのようなことが書かれているかです。そのため、契約したり保証人等になる場合は必ず契約書の内容をよく確認する必要があります。

2. 入院や入所をするときの保証人の必要性

（1）病院や施設が保証人を必要とする理由

病院や施設が保証人を必要とする理由には、急変時やトラブルが起きた場合の対応の連絡や相談、退院や退所の手続き、死亡した場合の遺体や遺品の引き取り、料金滞納時の支払いの保証、費用の確実な精算などがあります。入院の場合には、これらに手術や延命治療など重要な医療を行う際の相談も加わります。

（2）保証人がいないことを理由に入院や入所を断ることは、本来は認められない

入院や入所では上記のような理由から保証人が必要とされていますが、制度上は身元保証人がいないことだけを理由に入院や入所を拒否してはいけないことになっています。

例えば、以下は 2018 年 4 月に厚生労働省が出した通知の一部です。

> 入院による加療が必要であるにもかかわらず、入院に際し、身元保証人等がいないことのみを理由に、医師が患者の入院を拒否することは、医師法第 19 条第 1 項に抵触する。

医師法第 19 条第 1 項は、「診療に従事する医師は、診察治療の求があつた場合には、正当な事由がなければ、これを拒んではならない」と定めています。つまり、「身元保証人がいないこと」は、ここでいう診療を拒否する「正当な事由」には該当しないということです。

しかし、この規定には罰則がなく、また、現場での必要性が高いことから、現状では通知の趣旨は徹底されていません。施設の運営基準等にも同様の原則がありますが、実態は入院と同様で、その趣旨は徹底されていません。

3. 民生委員としてのかかわり

民生委員が一人暮らしの高齢者の入院や入所にかかわって保証人を求められた際に、その高齢者に身寄りがなかったり、身寄りがあっても頼めなかったりする場合は、何らかの方法で対応を考えなければなりません。以下、民生委員の役割を含めて対応を考えます。

(1) 民生委員は保証人にならない

質問内容にあったとおり、民生委員は保証人になる必要はありません。いったん保証人になると経済的な面を含めて、法律上の責任を負うことになります。民生委員がそのリスクを負う必要はありません。

ただし、民生委員が昔から親しくしている担当地区内に住む友人から保証人を頼まれた場合に、「民生委員としてではなく友人として保証人になる」ということはあってもよいと思います。民生委員がいか

なるときも保証人になってはいけないという決まりはありません。

(2) 市町村、地域包括支援センター、社協に相談する

これはほかの困りごとの対応でも同様ですが、「一人暮らしの高齢者が困っている以上、民生委員が解決しなければならない」ということはありません。民生委員はあくまでも「できる範囲のことをする」ということです。

民生委員には、民児協の仲間にも相談しながら、市町村（役所）、地域包括支援センター、社協などに相談したりつないだりする役割が求められます。これらの機関であっても簡単に解決できるとは限りませんが、結果的には何らかの対応がなされるはずです。

(3) 病院や施設は事情を踏まえて対応することもある

前述のとおり、法律上は保証人がいないことを理由にして利用を断れないとされています。このことは、病院や施設もまったく無視はできないので、完全な門前払いではなく（なかにはそういうこともありますが）、個別の事情を踏まえて、保証人の役割を分散してそれぞれに代替手段を講じることを条件に入院や入所が実現する例もあります。また、市町村（役所）や地域包括支援センター等から病院や施設に対して、そのような提案をする場合もあります。

(4) 身元保証を行う事業者の利用は慎重に考える

入院時の保証人を引き受ける事業者が近年増えています。病院や施設はこのような方法でも保証人として認めますが、民生委員がそのために事業者を紹介することはやめましょう。これらの事業者は死後事務も行うことが多いので詳細は死後事務の項目（**第5章④**参照）で述べますが、国がこのような事業者を対象に行った調査では高額な契約費用や解約時に返金がないこと、事業者が経営破綻して支援が受けられなくなった例など、さまざまな問題点が指摘されています。

⑤ アパートを借りられなくて困っていると相談された

一人暮らしの高齢者から「今住んでいるアパートが取り壊されるので転居先を探さなければならないが、いくつかのところで入居契約を断られて困っている。どうしたらよいか」と相談を受けました。どのように対応すればよいでしょうか。

1. 賃貸の契約にかかわる基礎知識

（1）入居契約の締結は自由だが入居すると権利は保護される

第2章④で述べているように、医療などの公的サービスは正当な理由がない限り利用を断れないことになっていますが、賃貸住宅の契約にはそのような考え方はありません。契約の可否は当事者が自由に決められるので、家主が行う「審査」次第で断られることもあります。

一方で、いったん入居すると、入居者にとってそこが生活の基盤になることから、借地借家法によって権利が保護され、家主の側から簡単に契約を解除できないしくみになっています。

（2）入居契約が困難な理由と連帯保証人の役割

一人暮らしの高齢者は、家賃の滞納、認知症による周囲とのトラブルや火災、孤独死、死後の手続きや遺品の処分などの心配から契約を敬遠されがちです。

そのため、入居契約では連帯保証人が必須になっていますが、連帯保証人には、家賃の確実な支払いだけでなく、退去後の速やかな片づけや原状回復などの役割も求められています。例えば、亡くなって契約解除になった人が使っていた家具は相続財産になるので、家主で

あっても原則として勝手に処分できません。もしその片づけが進まなければ、次の人に貸し出すことができず家主は困ることになります。

　このように、一人暮らしの高齢者の場合、さまざまな心配があり、連帯保証人を欠かすことができないことから、ほとんどの場合、連帯保証人の確保が必須条件になっています。

2. 対策の現状

　国が行っている対策には、（1）アパート等を借りることが困難な人全般を対象にした支援策、（2）対象を一人暮らしの高齢者に絞った支援策、の二つがあります。

（1）アパート等を借りることが困難な人全般を対象にした支援策

　高齢者、低所得者、障害者、子育て世帯などの賃貸契約に困難を抱える人や世帯（住宅確保要配慮者という）のために次のような制度が整備されています。

①住宅確保要配慮者の入居を拒まない賃貸住宅の登録制度

　住宅確保要配慮者向けに、耐震性や一定の広さ等の基準を満たす住宅を都道府県等が登録する制度で、その情報はホームページ等で広く公開されています。2024 年 10 月現在、全国で約 92 万戸が登録されていますが、国は登録物件を増やすため、バリアフリー改修費用や家賃を低く抑えた場合の補助等を行っています。なお、登録物件は「セーフティネット住宅情報提供システム」で調べることができます。

②円滑な入居を支援する住宅確保要配慮者居住支援法人の指定

　住宅確保要配慮者が民間賃貸住宅に円滑に入居できるよう、情報提供や相談、物件や業者の紹介、契約時の立ち会い、安否確認や緊急対応等の居住支援を行う法人を、申請に基づいて都道府県が指定しています。2024 年 6 月末現在、株式会社、NPO 法人、社団法人、社会福祉法人等、全国で合計 896 団体が指定されています。それらの法人は、

国土交通省および都道府県のホームページで公表されています。

③関係機関による住宅確保要配慮者居住支援協議会の設立

　住宅確保要配慮者が民間賃貸住宅に円滑に入居できるように地方自治体、不動産関係団体、居住支援団体等が参画して協議会を設立しています。2024 年 6 月末現在、全国で 144 の協議会があり、全都道府県で設置されるとともに、106 の市区町村で設置されています。

（2）対象を一人暮らしの高齢者に絞った支援策

　万が一に備えて、入居する高齢者が賃貸契約解除の権限や費用の精算、遺品の処分手続きなどを委託する相手を選び、その相手と書面で入居時に契約を結んでおくことができます。この契約では、委託する事項は相続のルールに抵触しない範囲に限られますが、その点も含めた「残置物の処理等に関するモデル契約条項」を国が示しています。

　この契約を結ぶ相手には、相続人、賃貸住宅の管理業者、非営利団体、住宅確保要配慮者居住支援法人などがあります。なお、費用は委託契約を結ぶときに支払うことになります。

　この契約によって家主の心配が軽減でき、一人暮らし高齢者の入居促進の効果が期待できます。また、死後に家主に迷惑をかけることを心配している高齢者にとっても安心材料になります。

3. 対応方法と民生委員に期待される役割

　民生委員は民児協の仲間などに相談しながら、一人暮らしの高齢者に次のような対応方法の紹介や情報提供を行うとよいでしょう。

（1）民生委員が保証人になることについて

　民生委員は保証人になる必要はありません。例外はありません。

（2）アパートの退去にかかわる対応

　前述の 1 で述べたように賃貸住宅の入居者の権利は保護されているので、現在の家主に「転居先を紹介してほしい」と掛け合う方法が

考えられます。この場合、家主側に見つける義務はないものの、取り壊す目的等によっては「早く円満に退去してほしい」という考えから、協力してもらえる可能性があります。

（3）市町村に相談する

相談先として、市町村（役所）の高齢者福祉課に加え、住宅課があります。住宅課は直接アパート等を紹介するわけではありませんが、公営住宅があればその管理をしています。また、前述の住宅確保要配慮者居住支援法人や協議会に関する情報なども把握しています。さらに、市町村として空き家物件の情報をまとめた、「空き家バンク」を設置している場合は、物件の情報を得ることもできます。

（4）公営住宅の入居を検討する

地方自治体により整備の状況は異なりますが、国土交通省から「公営住宅は連帯保証人の確保を入居条件にしないように」という趣旨の通知が出ていることから、公営住宅では保証人をつけないところが増えています。また、世帯人数の減少に合わせ、本来は家族向けの部屋を単身者でも入居可として募集しているところもあります。

（5）地元の不動産業者等に相談する

地元の不動産業者は地域のさまざまな情報をもっており、事情を踏まえて探してもらえる可能性があります。また、地域包括支援センターがそれらの業者の情報をもっている場合もあります。

（6）家賃保証会社の利用について

インターネット上に出ている「保証人なしで入居可能」という広告には、「代わりに家賃保証会社と契約する」ことが書かれていたりします。このような会社は増えており、費用が負担できる人にとっては便利な制度です。ただし、業者の紹介は不動産業者等が行うことであり、民生委員が業者を紹介する必要はありません。

6 認知症になったときのために備えておきたいと相談された

一人暮らしの高齢者から「将来、認知症になったときの生活が不安。事前に備えておける制度があれば教えてほしい」と相談されました。どのような制度があるか教えてください。

1. 将来の認知症への備えにかかわる基礎知識

（1）認知症への不安と備えの必要性

2025年には65歳以上の5人に1人が認知症になるといわれているように、認知症は特別なことではなく誰でもなる可能性があります。認知症のある人が身近にいたり報道などを見ていたりすれば、自分の将来と重ね合わせて不安になることは自然なことです。

その場合、家族がいれば「何とかしてくれるだろう」と楽観的に考えることもできますが、一人暮らしの場合、特に身寄りがなかったり、あっても頼ることが難しかったりすれば、不安は大きくなります。

そうした不安を少しでもやわらげるために、事前に備えておける制度を把握し、活用できるようにすることが大切になります。

（2）認知症等へ事前に備えておける制度

認知症等で判断能力が低下した人を法的に保護する制度として成年後見制度がありますが、厳密には次の二つに分かれています。

```
成年後見制度 ─┬─ 法定後見制度
              └─ 任意後見制度
```

このうち法定後見制度は、すでに判断能力が低下している認知症のある高齢者等を支援するために、周囲が動いて体制を整え支援する制度です。一方、質問に対する答えになるのが、任意後見制度です。任意後見制度は、将来、認知症等になったときのために備えておける制度です。

2. 将来、認知症等になったときのために備える任意後見制度

(1) 任意後見制度とは

　任意後見制度とは、判断能力のある人が、将来自分の判断能力が低下したときに備え、自分で選んだ人に代理してもらう内容を、契約を結んであらかじめ頼んでおく制度のことです。

(2) 任意後見制度のよい点

　一言でいえば、「自分の希望が実現しやすい」ということです。任意後見制度では、依頼する相手が引き受けてくれることが条件にはなりますが、将来、自分の判断能力が低下したときに支援してもらう相手や内容を自分で自由に選べます。

　一方、法定後見制度の場合、支援をしてくれる後見人等は自分ではなく家庭裁判所が決めます。また、支援内容もあらかじめ法律で決められた範囲のことだけになります。

(3) 任意後見制度の限界

　任意後見制度が使える（契約が発効する）のは本人の判断能力が低下したときです。本人に判断能力がある段階で、代理で何かをやってもらおうと思っても、任意後見制度にそのような効力はありません。

　また、任意後見人に付与できるのは代理権だけです。法定後見制度にある取消権（無駄な契約等を後で取り消せる権限）はありません。

3. 任意後見制度を利用する方法

　次の手順で契約を結び、必要になった段階で利用が開始されます。

【第 1 段階：将来のことに備えるために契約を結ぶ】

①契約を結ぶ相手は自由

　この契約は誰と結んでも構いません。家族や友人でも、弁護士や社会福祉士などの専門職でも構いません。その際、個人と契約を結ぶと相手が先に亡くなったりすることも考えられるので、団体（法人）と契約を結んでおく方法もあります。

②判断能力がないと契約を結べない

　契約する本人が契約の意味などを理解していることが必要です。そのため、認知症等で、すでに本人の判断能力が低下している場合は契約を結べません。その場合は、法定後見制度の利用を検討することになります。

③任意後見の契約書は公正証書で作成

　契約書は公証役場で公正証書として作成する必要があります。そして、この契約が登記されることで、個人の間で結んだ契約が、いわば公式に認知されたものとして扱われることになります。

　なお、この契約によって将来の任意後見人の役割を頼まれた人は、頼んだ人の判断能力が低下しない限り実際の役割はありません。このような「将来、任意後見人になる予定の人（まだ任意後見人として活動をしていない人）」のことを任意後見受任者といいます。

【第 2 段階：本人の判断能力が低下したら利用開始を申立てる】

　「本人の判断能力が低下した」と任意後見受任者が判断すれば、任意後見の事務が開始できるわけではありません。開始にあたっては、本人の判断能力の低下を証明する書類（診断書等）を添えて、家庭裁判所に申立てる必要があります。申立てができるのは、本人、配偶者、4 親等内の親族、任意後見受任者などです。

【第 3 段階：任意後見監督人が選任されると後見の事務が始まる】

　申立てを受けた家庭裁判所は任意後見監督人を選任します。任意後見人は契約によってすでに決まっているわけですから、家庭裁判所では、その任意後見人を監督する立場の任意後見監督人を選任して任意後見人の事務を監視させ、不正を防止します。こうして利用が開始されます。

4. 民生委員としてのかかわり

　将来、認知症等になったときの生活に不安をもっている人からの相談に対しては、ここで解説した任意後見制度の利用の提案が考えられます。利用については弁護士や司法書士などに相談することもできますが、まずは基本的なことを近くの地域包括支援センターに相談してみるとよいでしょう。

　ただし、任意後見制度を利用しようと思っても、任意後見契約を結ぶ相手、つまり、将来自分が認知症等になったときに契約などの代理をしてもらえそうな人が身近にいないという場合もあります。この場合、弁護士、司法書士、社会福祉士などの専門職に頼むことも可能ですが、相応の費用がかかることに注意が必要です。

　実際には、「そこまで大げさなことは考えていない」という一人暮らしの高齢者が多いかもしれません。そうした人のなかには、「そのときは民生委員さんに任せるからよろしく」と気軽にいう人もいますが、そういわれたからといって、民生委員が引き受ける必要はありません。将来のことは安請け合いをせず、「自分にはできないので、心配なら地域包括支援センターに相談しましょう」と応じるとよいでしょう。

⑦ 日常的な金銭管理を頼まれた

一人暮らしの高齢者の息子さんから電話があり、「父親は金銭管理がルーズで心配。貯金通帳と印鑑を預けるから定期的にお金をおろして、父親に少しずつ渡してくれないか」と頼まれました。「民生委員はお金を預かることはできない」ことは明らかなので依頼はお断りしましたが、こうした場合どのような支援が考えられるのでしょうか。

 1. 一人暮らしの高齢者の金銭管理にかかわる基礎知識

（1）金銭管理に関するさまざまなリスク

　高齢者、なかでも一人暮らしの高齢者の場合、金銭管理に関して次のようなリスクやリスクを高める要因があります。

①現金を多めに持っている

　若い世代は比較的、電子決済などで支払いをする人が多いため、現金をあまり持たず、自宅に置くこともほとんどしません。高齢者のなかにもそういう人はいますが、多くは現金を手元に置き、紙の通帳を使う預貯金が中心です。そして、何かあったときの備えとして、また何度も銀行に行くのが大変などの理由から、自宅に多めの現金を置きがちです。その結果、犯罪の被害にあった場合の金額が大きくなってしまいます。

②空き巣に狙われやすい

　一人暮らしの場合、外出時にうっかりして鍵をかけ忘れたり、なかには鍵をかけない高齢者もいたりすることから、空き巣に狙われやす

くなります。また、加齢により聴力や視力の機能が低下していれば、在宅中に泥棒が入っても気づかないことがあります。

③犯罪や悪質商法等の被害にあいやすい

　振り込め詐欺の場合、同居家族がいればすぐに相談できますし、様子がおかしいことに家族が気づくかもしれません。一方、一人暮らしではそのようなことが期待できず、被害にあいやすくなります。

　訪問販売では、なかなか断れずに無理に契約を結ばされたり買わされたりすることがあります。

④周囲の人から搾取を受けやすい

　お金を管理してくれているのが親切な知り合いであれば「安心」と感じる人もいますが、実際にはその知り合いが搾取をし、自分のために使っていた例があります。また、異性が恋愛感情をちらつかせて「いずれ一緒になるんだから」といって財布を預かったり、プレゼントを要求して高い買い物をさせたりする例もあります。

⑤判断能力の低下による多額の出費をしやすい

　判断能力が低下した場合、例えば食べきれないほどの食品を連日買う、使い切れない量のトイレットペーパーを買う、といったことが起こります。同居家族がいれば早めに気づき、何らかの対策も講じられますが、一人の場合、食べ物を腐らせたり、多額の出費のために生活に必要な費用の支払いができなくなる可能性があります。また、高額でリスクのある金融商品を買わされていたり、高額の保険に加入させられていたりする例もあります。

（2）金銭管理の基本的な考え方

①金銭の使い道は本人が決めることが原則

　現金に限らず財産はその所有者のものであり、それをどう使うか、どう処分するかは、その人だけが決められます。

そのため、搾取されていることを心配し、周囲の人が「あなたはだまされている、目を覚ましたほうがいいよ」といったとしても、本人が聞く耳をもたなければ止めようがありません。ときには本人もそれはわかっていて、それでもいいと思って大金をはたいているかもしれません。

②支援方法は二つの枠組みで考えられる

　支援方法の一つに「金銭管理は本人が行い、周囲は見守り等をする」方法が考えられます。ただし、本人の決定を尊重するだけでは問題が解決しない場合があります。その場合には、もう一つの方法として、「第三者が金銭管理に直接関与する」方法があります。

2. 金銭管理にかかわる支援の方法

(1) 金銭管理は本人が行い、周囲は見守り等をする

　周囲の見守りの目を多くし、以下のような異変に早く気づくための取り組みが大切です。その際、よく行くお店などに事情を話して協力してもらうことも有効です。

> ・日頃から本人に対して、民生委員が情報提供や注意喚起をする
> ・近隣の協力を得て見守りの機能を強化する
> ・離れて暮らす家族に電話やメールで様子をうかがってもらう　など

(2) 第三者（組織や機関）が金銭管理に直接関与する

①日常生活自立支援事業を利用する

　この事業は、社協が提供する福祉サービスの一つです。本人から通帳を預かり、あらかじめ本人と社協で相談して決めた金額を決まった日に定期的におろして本人に届けたり、公共料金の支払い等を社協の職員が行います。また、定期預金の証書や権利証等を、社協が契約している金融機関の貸金庫で安全に預かってもらうこともできます。福

祉サービスなので、低額（または無料）で利用できます。

　この事業を利用すれば、多額の現金や通帳を手元に置かなくなるので、万が一、犯罪被害にあっても、被害を少なくできます。そのため、この方法が今回の質問に適した方法といえます。

　なお、この事業は社協との間で契約を結ぶため、利用には本人に一定の判断能力があることが必要です。もし、認知症等で本人の判断能力が低下している場合には、まず成年後見制度を利用し、その成年後見人等と社協が契約を結ぶことで、この事業を利用できます。

②成年後見制度を利用する

　成年後見制度は、本人の判断能力が低下した場合に、裁判所が選んだ成年後見人等が代理権や取消権などを行使して、本人の財産や権利などを守る制度です。ただし、利用できるのは判断能力が低下している人なので、金銭の管理が多少ルーズであるとか浪費癖があるといった程度では通常は利用することができません。

③信頼できる相手と財産管理等委任契約を結んで管理を任せる

　財産管理等委任契約は、判断能力はありながらも、病気等で財産管理が難しい場合に、他者と契約をして財産管理を任せる方法です。なお、この契約は成年後見制度と違い、財産管理を任せた相手に本人（高齢者）が行った行為をあとから取り消す権限（取消権）を付与することはできません。

3. 民生委員としてのかかわり

　質問の通り、民生委員が金銭を預かったり管理することは絶対にありません。できる範囲で見守りをしながら、前述の社協の行う日常生活自立支援事業等を紹介するとよいでしょう。社協はそれ以外の事業も行っているので、必要に応じてほかの公的サービス等の情報提供も受けられます。まずは居住地域の市町村社協に相談してみてください。

8 買い物などの外出で 困っていると相談された

徒歩以外の交通手段がなく、買い物や外出が大変だと相談を受けました。どのように答えればよいでしょうか。私の車に乗せて買い物に行くなど、民生委員として外出のサポートをする必要があるのでしょうか。

1. 外出の支援（移動手段の確保）に関する基本的な考え方

（1）外出のなかでも、特に買い物に困ることが多い

　一般に高齢者は、買い物、通院、役所や郵便局等での用足し、友人に会う、地域活動や趣味への参加などさまざまな目的で外出をします。

　特に、買い物は定期的に行う必要がありますが、近年は、小売店の廃業や路線バスの減便・廃止が進んでいます。そのため、車を運転できる人を除けば、自由に買い物できる状況ではなくなりつつあります。タクシーを使う方法もありますが、費用がかさみます。また、バイクや自転車も高齢になれば事故の危険性が高まります。

　農林水産省による 2020 年の調査では、自宅からスーパーやコンビニ、ドラッグストア等までの距離が 500m 以上で、かつ自動車を利用できない 65 歳以上の「食料品アクセス困難人口」は、全国で約 904 万人（全 65 歳以上人口の 25.6%）と推計されています。このうち、75 歳以上は約 566 万人（全 75 歳以上人口の 31%）です。

　これらの人がすべて一人暮らしとは限りませんが、一人暮らしの高齢者の場合、相当数が買い物に不便さを感じていると思われます。

(2) 買い物のもつ外出効果

　地域の実情に応じて以下に紹介するような取り組みが行われていますが、買い物には「外出することの効果」があります。配達も便利ではありますが、利用するとその分外出機会が減ったり、お店で商品を選ぶ楽しさや誰かと会って話す機会も減ったりします。心身の状態や本人の希望にもよりますが、買い物のもつ効果の何を重視するのかが、買い物支援の取り組みを選択する際のポイントになります。

2. 買い物支援の取り組みの実際

　買い物で困っている高齢者に対して、以下の支援方法があります。

(1) 店舗まで行けるように移動を支援する

①タクシーの料金補助や利用券の配布等

　バス路線がないなどタクシー以外の交通機関を利用するのが困難な場合に、行き先の範囲や上限額などの条件を設定し、市町村（役所）がタクシーの利用料金を補助しています。

②コミュニティバスの運行

　運行について法律の定義はありませんが、民間の路線バスと異なり、市町村がバス会社に委託して行う方法、NPO や住民団体が市町村の補助を受けながら行う方法などがあります。停留所を細かく設置し、小型バスやワゴン車などを使い運行しますが、なかには既定外の経路の運行や、時刻表がない予約型の「オンデマンドバス」もあります。

③買い物バス（ツアー）の運行

　買い物バスは、数日に一回程度で地域と大型商業施設等の間にバスを走らせる取り組みです。ボランティアが同乗してバスの乗降や買い物を手伝う場合もあり、ふれあいが生まれるという効果もあります。

④その他の移動支援

　バス、タクシーといった交通手段が確保できないなどの地域の実情

に合わせて、一定条件を満たせば自家用車での有償の運送が認められる自家用有償旅客運送（福祉有償運送等）があります。また、高齢者等のために、独自に通院用バスを運行している病院もあります。

（2）近くに「店舗」を持ってくる（移動スーパーや定期市等）

①移動スーパー（店舗）による販売

　移動スーパーは、専門業者やスーパーが決まった日時に、商品を積んだワゴン車等を特定の場所に駐車し、その場で販売します。買い物だけでなく、高齢者の交流や安否確認の場としての役割も担っています。

②定期市の開催

　閉店した店舗の跡地や広場等を使って商店会や住民団体等が定期的に市を開催しています。これも前述の①と同様の役割があります。

③無人店舗や自動販売機の設置

　これらは、品揃えは限られるものの24時間営業なので便利です。また、昼間だけ郵便局内にスーパーなどが定番商品を並べて、無人店舗を開設している例もあります。

（3）店舗に行かなくても商品が届くようにする（配達や買い物代行等）

①買い物代行サービス

　買い物代行サービスには、タクシーやバスの運転手が業務時間中に業務として行う、ボランティアが行う、介護保険サービスとは別枠で利用者の全額自己負担で訪問介護員（ヘルパー）が行う方法などがあります。

②配達

　スーパーやコンビニ、商店会などが、高齢者の注文を聞いて商品を揃え、自宅に届ける方法です。最近は、離島や山間部を中心にドローンを使った配達も、実用化に向けて試験的に行われています。

3. 民生委員としてのかかわり

(1) 利用可能な支援策を紹介することが基本

全国にはさまざまな買い物や移動の支援がありますが、実際にその地域で活用できる支援は限られています。民生委員としては、一人暮らしの高齢者の心身の状態や生活環境、希望等に応じて利用可能な支援を紹介できるとよいでしょう。

(2) 民生委員が車で送る必要はない

今回の質問にあった「車に乗せていく必要があるのか」ということでいえば、答えは「必要ない」です。

ただし、実際には民生委員から「やむを得ず乗せた」という話を聞くことがあります。そこには緊急性のある事情があったものと思われますが、もし事故が起きた場合、「民生委員・児童委員活動保険」（すべての民生委員が加入）は、同乗の高齢者に対しては適用されません。この場合、民生委員が自分で加入している自動車損害賠償責任保険や任意の自動車保険で対応することになります。

(3) 新たな買い物支援策の整備の提案

一人暮らしの高齢者を中心に買い物に困る人は増えていますが、買い物支援がすべての地域にあるわけではなく、近所の人やなじみの店の善意などで何とか乗り切っていることも少なくありません。このような助け合いは大事なことですが、それだけでは不安定であり、また、いつまで続くかわかりません。

このようなことから民生委員には地域の実情を踏まえ、そしてほかの地域の取り組みも参考にして、市町村、社協、商工会、商店会、住民団体等に対して買い物支援策の整備を提案する役割が期待されます。

9 ゴミ出しが大変と相談された

一戸建てに住む一人暮らしの高齢者から「最近ゴミを出すのが大変になってきた。誰かに手伝ってもらえないか」と相談を受けました。このような場合にどのような支援が考えられますか。よい方法があれば、民児協として自治体や社協に提案しようと話しています。

答え 1. ゴミ出しについて相談された場合の基本的な考え方

「ゴミを出すのが大変」という場合、①ゴミを収集場所まで運ぶのが大変、②ゴミの分別が大変、という場合のどちらか、または両方が考えられます。

家庭ゴミの収集は、通常は市町村が指定した場所に決められた曜日と時間までに持って行けば回収してもらえます。しかし、高齢になると、収集場所が遠い、坂の上やエレベーターのない建物の上層階に住んでいる、といった場合にゴミ出しが負担になってきます。

多少負担に感じる程度であれば、運動機能を維持し閉じこもりを防止するためになるべく自力で行うことが大切ですが、負担が大きくなってくると継続は難しくなり、何らかの支援が必要となります。

このような場合の支援は地域の実情に応じて各自治体が行っており、対象や方法も自治体により異なります。

ただし、介護保険制度（内容は全国どこでも同じ）では、訪問介護員（ヘルパー）が行う生活援助の一環としてゴミ出しを行うことが可能です。もっとも対象は要介護者に限定されますし、早朝の対応は困

難です。また、昼間でも地区ごとに収集時間が決まっているので、同じ地区で同じ時間帯に複数の利用者に対応することも困難です。

なお、マンションなどでは単独でゴミ置き場が設置されており、24時間いつでも出せたりしますが、ここではそのような例ではなく、地区ごとに屋外にあるゴミ置き場に出す場合について記述します。

2. ゴミ出しの支援

（1）支援の具体例

ゴミ出しの支援方法は、大きく分けて次の二つがあります。

> ①ゴミを収集する職員が当該世帯（前）まで回収に行く方法
> ②支援者が当該世帯（前）まで回収に行き、収集場所まで運ぶ方法

以下、この二つに分けて代表的な例を紹介しますが、利用には年齢や要介護度、ゴミの種類や量などに何らかの条件がついている場合があります。また、多くの場合、一人暮らしの高齢者だけでなく、高齢者のみの世帯や障害者のいる世帯も対象になっています。

①ゴミを収集する職員が当該世帯（前）まで回収に行く方法

> ・A市：ゴミ収集の職員が玄関前に出されたゴミを回収。
> ・B市：A市の方法に加え、回収の際にチャイムを鳴らして高齢者と会話することを原則とし、反応がない場合やゴミが出てない場合、郵便物がたまっている場合等は緊急連絡先に連絡する。
> ・C市：通常の回収日にこだわらず、個別に希望を聞いて収集日を決め、ゴミ収集の職員が玄関前に出されたゴミを回収。

なお、以上のような市町村で行っているゴミの回収方法を「ふれあい収集」「訪問収集」と呼ぶことがあります。

②支援者が当該世帯（前）まで回収に行き収集場所まで運ぶ方法

・D市：ゴミ袋を玄関先に出しておくと、市から委託を受けている
シルバー人材センターのメンバーがゴミの収集場所まで運
ぶ。市が費用の全額を出し、本人負担は無料。

・E市：前述のD市と同じサービスをシルバー人材センターが行っ
ているが、本人負担は無料ではなく、利用料金の半額の
250円を本人が負担、残りの250円を市が負担。

・F市：協力してもらえる町内会などを対象にゴミ出しに対する支援
回数に応じた補助金を出し、登録している協力者が家の前に
出されているゴミ袋を収集場所まで運ぶ。

・G市：自治会の有志が有料（ただしかなり安価）で身近な支援を
行うグループをつくり、ゴミの収集場所への運搬等を支援。

・H市：老人クラブが支え合い活動の一環として無償でゴミの収集
場所まで運搬。

　上記のほか、いろいろな地域の社協でボランティアが中心となり無料でゴミ出しの支援を行っています。

（2）支援を考えるときのポイント

　ゴミ出しの支援は、まずは定期的にゴミを出し、ため込まないようにするとともに、声かけや安否確認をすることが大切です。ここで紹介した事例においても、A市以外はゴミ回収時の安否確認を行っており、実際、声かけによって異変に気づき、迅速に対応して事なきを得たという例もあります。

3. 民生委員としてのかかわり

（1）臨時的・一時的な対応とその効果

　一時的な体調不良等に対応した一回限りの支援であれば、現実的には民生委員が対応することが多いと思います。そのときの支援がその

後の信頼関係につながったり、それがきっかけでそれまであまり知らなかったその人の生活環境を知ることにもつながったりします。

（2）継続的対応の場合は社会資源の活用を検討する

　一方、継続的にゴミ出しの支援が必要な場合、地域のゴミ出し支援サービスの利用につなげます。サービスがない場合には、周囲と相談することを前提に以下のような対応が考えられます。

①清掃事務所に相談する

　あくまでも一つの例ですが、民生委員が相談したところ、一定期間、臨時的に訪問収集をしてもらえた事例があります。

②地域包括支援センターに相談する

　地域包括支援センターは高齢者支援に関するさまざまな情報をもっており、内容によっては介護保険の利用につないでもらえます。

③シルバー人材センターに相談する

　費用負担できるのであれば、地域の「何でも屋」やシルバー人材センター等に相談します。一般に、後者のほうが費用を抑えられます。

④社協に相談する

　ボランティアによる支援の可能性を相談します。

⑤本人の了解を得られれば、近所に話して手伝いを頼む

（3）民児協から自治体へのはたらきかけ

　地域でこのような困りごとが増えているにもかかわらず、訪問収集等が行われていない場合は、民児協としてサービスの整備等を自治体にはたらきかけることも大切です。

　また、サービス整備の要望とともに、前述の支援の例で紹介したような住民参加による支援の可能性についても、地域の住民団体やボランティア等とも連携しながら検討できるとよいでしょう。

10 入院した高齢者に必要な物品を自宅から持ってきてほしいと頼まれた

入院した一人暮らしの高齢者から「家の鍵を渡すので、入院中に必要な物品を自宅から持ってきてほしい」と頼まれました。このような場合、どう対応すればよいでしょうか。

1. 依頼への対応を考えるうえでの二つのポイント

答え　今回の依頼は高齢者本人からですが、場合によっては入院先の病院から同様の依頼を受ける場合もあります。このような依頼に民生委員が対応する義務はありませんが、この依頼には「入院中に必要な物品を準備すること」と、「民生委員が鍵を預かって無人の自宅に入ること」の二つの整理すべき事項が含まれています。

この二つの対応について必要性や課題を考えてみます。

(1) 入院中に必要な物品を準備すること

一般に、入院をすると、パジャマ、下着、着替え、靴下、タオル、歯ブラシ、コップ、石けん、ティッシュ等、多くの物品を用意する必要があります。予定を立てて入院をする場合であれば、事前に病院からリスト等を渡され、準備ができるので、今回の依頼のようなことは通常起こりません。しかし、緊急入院や入院が予定外に長引いた場合などは、後から用意する必要があります。

必要な物品を用意する責任は当然本人にありますが、家族がいなかったり、いたとしても簡単には駆けつけることができなかったりすると、民生委員が頼まれることがあります。

多くの病院では、家族等がおらず、入院に必要な物品を揃えたり持っ

てきたりすることが難しい人が入院する場合に備えて、院内の売店で必要な物品の購入やレンタルができるようになっています。指定業者等が必要に応じて、病室まで注文を取りにくる例もあります。

　これらは有料ですが、支払いが難しい場合には医療ソーシャルワーカー（配置されていない場合もあり）に相談ができます。なかには、病院が用意した物品を一定の範囲で無償提供している例もあります。いずれにしても、まずは本人が病院とよく相談することが大切です。

（2）民生委員が鍵を預かって無人の自宅に入ること

　民生委員が依頼に応じた場合、次のような問題が危惧されます。

> ・退院してから、本人が「○○がなくなっている」と主張した場合に民生委員が疑われる。
> ・本人が頼んだことを忘れてしまい、あとから「頼んだ覚えはない、鍵を盗んだ」といわれる。
> ・あとから（別居している）家族等によって、民生委員が疑われる。

2. 民生委員としてのかかわり

　入院に必要な物品の準備は、病院とよく相談することが基本です。民生委員が鍵を預かって対応するのは、本人と相当深い信頼関係ができている場合や、家族も十分理解している場合などに限定されます。その場合でも次の3点を必ず守ることで、後々のトラブルを防ぐことができます。

> ①頼まれるときと物品を渡すときは病院関係者に立ち会ってもらう
> ②連絡が取れる家族がいる場合は、その家族に家に入ってよいかを改めて確認する
> ③家に入る場合は必ずほかの民生委員等の協力を得て、複数人で入る

第3章

一人暮らしの高齢者を見守り、支援する取り組み

1. 訪問による見守りの役割
2. 訪問時に警戒や拒否をされたら
3. 訪問時になかなか話が終わらなかったら
4. 地域で取り組む見守り活動
5. さまざまな機器を活用した見守り
6. 対話型機器を活用したコミュニケーション
7. 地域の集まりへの参加を増やす
8. 認知症の兆候や進行に早めに気づくには
9. 認知症のある高齢者と信頼関係を築くには
10. 認知症のある一人暮らしの高齢者に対する支援と見守り

① 訪問による見守りの役割

一人暮らしの高齢者を定期的に訪問して見守ることが大切だといわれるのですが、民生委員の見守りの役割としてはどのようなことがあげられますか。

1. 民生委員が一人暮らしの高齢者を訪問する目的

一人暮らしの高齢者を訪問する理由や目的は次のとおりです。

①市町村（役所）や社協などから依頼された調査や物品の配布
②高齢者本人からの相談や依頼に関する連絡への対応
③近所の人から連絡を受けての訪問や安否確認
④見守り活動

このうち、①②③は訪問の目的が明確ですが、④の場合は必ずしも明確ではありません。そこで、ここでは訪問による見守りの目的を整理します。なお見守りには、本人と接触せず、新聞受けや雨戸の開け閉めなどの確認によって行う「訪問しない見守り」もありますが、ここでは「訪問して行う見守り」について取りあげます。

2. 訪問による見守りが果たす役割

訪問による見守りが果たす役割は、次のように「（現に起きている）異変や被害などに気づいて対応する役割」と「何らかの異変や被害が生じないように事前にはたらきかける役割」の二つがあります。

（1）異変や被害などに気づいて対応する役割

①心身の異変への対応

顔色や動作の変化などから異変に気づいたり、会話の中身の変化や、それまで整理整頓されていた部屋が雑然としていることで認知症等の進行に気づくことがあります。その場合は、地域包括支援センターや緊急連絡先の家族などに連絡する役割が期待されます。

②生活の異変への対応

　訪問したときに部屋の中の様子を見て、真新しい商品がいくつも並んでいたり、悪質商法を疑わせるような話題が出てきたりすれば、被害にあっている可能性があります。そのような場合は、消費生活センターや地域包括支援センターなどに連絡する役割が期待されます。

(2) 異変や被害が生じないように事前にはたらきかける役割

①目の前のリスクの回避

　例えば、夏は熱中症対策、冬は火災予防の呼びかけなどをとおして、リスクを減らすはたらきかけをする役割が期待されます。

②中・長期で存在するリスクの回避

　例えば、閉じこもりによる心身機能の低下を防ぐために地域活動への参加を呼びかけることも、広い意味での見守りの役割といえます。

3. 民生委員としてのかかわり

　ここでは、主に何かの問題が起きたときや未然に防ぐ役割という観点で見守りを取りあげました。実際、問題が起きたときに迅速に対応するためには、①本人から早く連絡をもらう、②民生委員が早めに気づく、③気づいた周囲の人から教えてもらう、のいずれかが必要です。

　①や②のためには日頃の訪問によって信頼関係を築くことが大切ですが、その際に顔をじろじろ見たり、部屋中あちこち見回したりして、観察や監視をされていると受けとられるような接し方にならないように気をつけましょう。

② 訪問時に警戒や拒否をされたら

一人暮らしの高齢者を訪問すると、警戒や拒否をされてなかなか顔を合わせることができない人がいます。このような場合、どうすればよいでしょうか。

1. 警戒や拒否をされる状況

民生委員は、職務として訪問しているため、警戒や拒否をされたりしたら、不本意に思うかもしれません。しかし、訪問を受けた側には応対する義務がない以上、警戒や拒否をされる可能性があることはあらかじめ承知しておく必要があります。

本人が絶対的な拒否の姿勢をもっている場合はどうすることもできませんが、そこまでの強い拒否ではない場合、その理由や背景がわかれば、ある程度、接点をもつことや会話ができるようになる可能性があります。警戒や拒否をされたら、まずはその理由を考えてみるとよいでしょう。

2. 警戒や拒否をされる理由として考えられること

（1）本物の民生委員かどうか疑っている

この数年、民生委員を名乗って電話で個人情報を聞き出そうとする手口や、「民生委員が交代したので挨拶に来ました」と偽って訪問し、屋根瓦を修理する契約を強く勧めた詐欺未遂事件がありました。

実際にこのようなことが起きているため、初めての訪問の場合、そもそも本物の民生委員なのか疑われることが起きてしまいます。

（2）民生委員とかかわりたくないと思っている

　かかわりたくない理由として、「前から民生委員と知り合いで自分の今の生活状況を知られたくない」「知り合いではないがそもそも民生委員にマイナスのイメージをもっている」の二つが考えられます。

　高齢者のなかには「民生委員＝貧困者を世話する人」と強く思い込んでいる人がいます。訪問したら「私は民生委員に世話になるほど落ちぶれちゃいない、二度と来るな」と怒鳴られた経験があるという話を民生委員から聞いたことがあります。また、民生委員であれ誰であれ、そもそも周囲の人とかかわりたくないと思っている人もいます。

3. 民生委員としてのかかわり

　顔を合わせて話ができるようになるためには、相手に民生委員が職務として訪問していることを理解してもらう必要があります。そのためには、民生委員個人だけでなく、市町村（役所）や民児協を含めて以下のような取り組みをする必要があります。

---

①民生委員が交代する場合、前任者と新任者が一緒に訪問する
②初めて民生委員が訪問する場合、事前に市町村（役所）から連絡する
③民生委員は必ず写真入りの身分証明書を携行し、最初に提示する

　しかし、これらの取り組みをしても拒否されることはあります。その際は無理をせず、目的が調査や書類の配布などであれば、あとの対応は、依頼元（市町村（役所）や社協など）に任せればよいでしょう。

　一方、民生委員としてもかかわりをやめるのではなく、周囲から様子を確認したり、近隣の協力を得たり（個人情報保護に留意）して見守りをしつつ、ある程度時間をあけてから訪問し、会えなくてもメモを置いてくるなど、何らかの接点をもち続けることが大切です。その結果、話ができるようになった例は少なくありません。

③ 訪問時に なかなか話が終わらなかったら

一人暮らしの高齢者のなかに、訪問時になかなか話が終わらず長時間になってしまう人がいます。忙しいときなどは困ってしまうのですが、どうすればよいでしょうか。

1. 高齢者と話すこと

高齢者は、一般に若い世代より話が長くなるといわれています。実際多くの民生委員は高齢者と話す場合に、多少話が長くなることは織り込み済みだと思います。特に複雑な事情の話を丁寧に聴く場合などには、ある程度時間がかかることはやむを得ないでしょう。

一方で、民生委員は忙しいなかで特定の人だけに多くの時間を割くわけにはいかないので、話がいつも長引くような人に対しては、話が長引く背景や要因を考え、その内容に応じて対応方法を考える必要があります。

2. 話が長くなる理由や背景として考えられることと対応方法

主に以下のような理由や背景が考えられます。

(1) 認知症等の精神症状の影響

こちらのことを全く気にせず話し続ける場合や、同じ話を何回も繰り返すようであれば、認知症等の病気の影響が考えられます。このような場合、まずは地域包括支援センターに連絡し、同時に緊急連絡先として登録されている家族などに様子を伝えることが大切です。

また、介護が必要になり地域包括支援センターや介護事業所がかかわるようになった場合でも、在宅生活を続けていれば、民生委員とし

ては可能な範囲で見守りをする役割が期待されます。なお、認知症が疑われる場合の対応については**第3章⑧・⑨・⑩**も参照してください。

（2）具体的に困っていることや気になることがあるがうまく話せない

思っていることをどのように話せばよいのかわからず、話があちこちに飛んでしまい、結果的に話が長くなってしまうことがあります。

このような場合、話の途中で民生委員から「それは○○ということですか」「△△と理解しましたが、それで間違いないですか」というように、内容の整理や確認をする質問をすることで、話を前に進められます。そして、困りごとや不安の具体的な内容がわかれば、関係する専門機関につなぐなどの対応をします。

（3）もともと話し好きである

話し好きの背景にはさみしさや漠然とした不安なども考えられますが、この場合の対応は次の**3**を参考にしてください。

3. 民生委員としてのかかわり

民生委員として、話し好きの人と接する場合は「限界設定」という考え方を取り入れるとよいでしょう。これは、あらかじめ話を聴く時間の限界（例えば「最長30分」）を決め、そのことを相手に伝えてから話を聴くことを意味します。

冷たいと思われるかもしれませんが、あらかじめ時間を決めておくことで自分の心理的負担が減り、結果的に話を聴くことに集中できます。なお、限界設定をいつも取り入れるのではなく、例えば相手が精神的ダメージを強く受けているような場合は柔軟な対応が求められます。

また、その人の心身の状況にもよりますが、何らかの地域活動に誘う方法も考えられます。そのことによって話し相手ができるだけでなく、誰かと一緒に活動することで、さみしさや漠然とした不安を和らげる効果も期待できます。

④ 地域で取り組む見守り活動

民生委員以外にも見守り活動の輪を広げていきたいと話し合っているのですが、地域のみんなで取り組む見守り活動にはどのような方法がありますか。

1. 見守り活動の方法

答え 民生委員は日頃から訪問等によって見守り活動を行っていますが、それ以外にも地域のなかにはさまざまな主体が参加し、さまざまな場所で行う、次のような見守り活動があります。

①さまざまな主体による訪問を中心とした見守り活動
② ICT 等の機器を活用して行う見守り活動
③サロンや会食等、顔を合わせて行う見守り活動

現在、見守り活動に関する法律の規定があるわけではなく、それぞれの地域の実情に応じた取り組みが行われていますが、ここでは上記①を紹介します（②は**第3章⑤・⑥**、③は**第3章⑦**で紹介）。

2. さまざまな主体による訪問を中心とした見守り活動

この活動には、次の三つの方法があります。いずれの場合も重要なことは、異変などがあった場合の連絡先をあらかじめ決めたうえで、関係者に周知徹底しておき、実際に異変に気づいたり、心配なことがあれば、躊躇せずに連絡や行動をするということです。

（1）対面して行う見守り活動

民生委員の訪問以外に、社会福祉協議会や自治会、老人クラブのメ

ンバーなども高齢者宅を訪問して安否確認、健康状態の把握、情報提供などを行います。これを弁当などを届けながら行う場合もあります。

また、昔ながらの「回覧板の手渡し」を今も続けている地域では、そのことが見守りの役割を果たしています。

なお、地域包括支援センターや施設職員などが、対象を絞って定期的な訪問を行っている例もあります。さらに、近所の商店が協力してお客さんとしての高齢者を見守る取り組みもあります。

(2) 対面しないで行う見守り活動

安否確認を目的に、自治体や社協などと協力協定を結んだ郵便局、新聞販売店、電気・ガス・水道事業者、宅配事業者などが、「新聞や郵便がたまっている」「メーターがほとんど動いていない」など、通常業務を行うなかで異変に気づいたら連絡を行います。また、近隣住民も「雨戸の開け閉めが行われているか」「洗濯物が取り込まれているか」などを確認し、異変を感じたら連絡を行います。

(3) 本人が出す「サイン」で行う見守り活動

集合住宅で決められた曜日に掲示板に自分のマグネットを貼ることで、自分の健在を周囲に知らせる取り組みがあります。マグネットが貼られていなければ自治会の役員などが必要な対応をします。

3. 民生委員としてのかかわり

見守り活動では「見守る網の目（ネットワーク）」が細かければ細かいほど、異変などに早く気づけますが、地域によっては見守りネットワークをつくったもののあまり機能していない例もあります。

そうしたなかで、民生委員は見守り活動の中核を担うとともに、日頃の見守り活動の経験を活かして、地域全体の見守りネットワークが実際に機能するように提案を行うなど、積極的なかかわりが期待されます。

⑤ さまざまな機器を活用した見守り

一人暮らしの高齢者の見守りに活用できるさまざまな機器があると聞きます。どのようなものがあり、どう活用されているのでしょうか。

答え 1. 見守りにおける機器の活用

　さまざまな見守りの機器が開発され利用されていますが、以前からあるものとして、高齢者が異変時に押すと支援機関がその情報を受信し、支援機関の職員や近隣の協力者が駆けつける緊急通報ボタンがついたペンダントがあります。また、固定電話にボタン一つで緊急通報できる通報装置をつける方法もあります。

　これらの機器の場合、異変時に高齢者自身がボタンを押さなければ情報が届きません。そこで、近年増えているのが、人の動きを感知して自動的に異変を知らせるセンサーの活用です。

　このような機器を活用した見守りには次のメリットがあります。

①人から見守られることに抵抗がある人も、機器なら抵抗が少ない
②機器の場合、設定によっては24時間継続した見守りが可能
③新型コロナウイルスのような感染症のリスクがある場合に、リスクを避けた見守りが可能

　ただし、機器を使っても異変後の対応は人が行うので、見守りは「機器か人か」という二者択一ではなく、円滑かつ効果的な「機器と人と

の連続性や組み合わせによる見守り」を考えることが大切です。

2. 実際に見守りに利用されている機器

　現在、以下のように動きや異変をメール等で関係者に知らせるなどの見守り機能をもつ機器が活用されています。事業者と個人契約して利用する方法や、自治体が一括契約して利用希望者を募る方法等があり、後者ではふるさと納税による寄付金を原資として活用している例もあります。

①電気ポットを使用した時間を記録して知らせる。

②洗面所やトイレなどに通信機能を備えた電球を取りつけ、24時間一度もつけたり消したりしなかった場合に知らせる。

③見守り機能つきの冷蔵庫やエアコン、給湯器の使用状況を知らせる。また、冷蔵庫が24時間開閉されないなどの異常も知らせる。

④赤外線で人の動きを検知し、一定時間以上動きがないと知らせる。

⑤センサーで室内の温度、湿度、動きを検知し、家族などがアプリで状況確認できる。異常を感知すると知らせる。

⑥音を感知するシステムを使い、室内で突然大きな音がした場合や長時間物音がしない場合に知らせる。

⑦利用者が設定した間隔で安否確認のメッセージが自動で届く。本人が返事をしなければ再送され、それでも応答がなければ知らせる。

⑧腕時計型の端末で動きや脈拍などを検知し、異常があれば知らせる。

3. 民生委員としてのかかわり

　このほかにもさまざまな機器がありますが、今後一人暮らしの高齢者の増加とともにニーズは確実に広がっていくでしょう。民生委員には、より確実な見守り活動を展開するためにも、見守り機器に関する新しい情報を高齢者へ提供する役割などが期待されます。

6 対話型機器を活用したコミュニケーション

一人暮らしの高齢者が活用できる対話型機器があることを聞きました。どのようなものがあり、どう活用できるのでしょうか。

1. 対話型ロボットを使ったコミュニケーション

(1) 対話型ロボットの利用拡大

　新型コロナウイルス感染症の流行以前から対話型ロボットの開発は行われていましたが、コロナ禍で減少した人との接触の機会を補う役割を期待されて開発が加速し、利用が拡大しました。

　人は誰かに話を聴いてもらい、何らかの反応を得ることで、気分が落ちついたり気持ちが癒やされたりします。対話型ロボットにはそのような効果が期待できますが、いつも定型化された同じ言葉が返ってくるだけでは物足りなくなるでしょう。実際、初期の対話型ロボットの機能は限定的でしたが、最近は急速に進むAI（人工知能）の技術を活かし、人間同士の会話と同じような自然な受け答えができるロボットが登場しています。

　対話型ロボットは、見た目を人形や動物の形にしてかわいくするなど、高齢者の気持ちをなごませ笑顔にするようなデザインの工夫がされています。高齢者の心身機能を活性化させることができるということで、「ロボットセラピー」という言葉も登場しています。

(2) 対話型ロボットの役割や機能

　対話型ロボットは、一般に一人暮らしの高齢者の話を聴く役割や、

天気予報やニュースの読み上げなどの機能をもっていますが、それらに加えて、次のような役割や機能をもっているものもあります。

> ①クイズの出題やしりとりなどができる
> ②センサーで高齢者の動きを検知し、異常時に関係者に知らせる
> ③高齢者とのやりとりを記録し、その時間や内容を関係者に知らせる
> ④高齢者に声をかけて定期的に写真を撮り、関係者に送る
> ⑤ロボットを経由して遠隔地にいる人と会話ができる
> ⑥地域包括支援センターがロボットの操作状況から安否確認ができる

2. その他のコミュニケーション機器

（1）ビデオ通話機能のあるデジタル通信端末

関係者とビデオ通話で定期的にやりとりすることができ、画面のタッチ操作により地元自治体の生活情報などもみることができます。

（2）液晶画面つきスマートスピーカー

例えば、毎日定時に「薬は飲みましたか」と問いかけがあり、画面にも文字が表示されます。そして、高齢者が口頭で回答した「はい」や「いいえ」の内容がメールなどで関係者に送られます。24 時間以内に回答がなければ関係者による確認が行われます。

（3）デジタル通信端末

専用の端末を使い、ゴミ出しや検診の日、地域のイベント情報などをリアルタイムで音声配信します。高齢者が付属の確認ボタンを押せば発信者側に伝わることから、安否確認にもなります。

3. 民生委員としてのかかわり

民生委員には、コミュニケーション機器の積極的な導入や活用に向け、関係機関にはたらきかけたり、高齢者に情報提供する役割が期待されます。

⑦ 地域の集まりへの参加を増やす

地域のなかで、一人暮らしの高齢者が気軽に参加し、交流できる場にはどのようなところがあるのでしょうか。

1. 集まりの場のもつ効果

　一人暮らしの高齢者にとって、身近なところでの集まりに参加し、地域住民と交流することは次のような効果をもたらす場合があります。

集まりの場の効果	内容
心身機能の維持	集まりの場に行くために歩いたり、活動内容によってはからだを動かしたり、頭を使うことになる
安否の確認	いつもいる人が参加していない場合、確認してもらうことで異変に気づいてもらえる可能性がある
生活情報の入手	テレビや新聞などでは得られない、生活に必要な具体的で身近な情報が入手できる
困りごとの相談や問題の解決	困りごとを誰かに話すことで解決策が得られたり、必要な専門機関につないでもらえたりする
友人ができる	新たな人との出会いがあり、新しい人間関係が生まれたり、友人ができるきっかけになる
新たな生きがいや趣味ができる	活動内容によっては、今まで触れることのなかった新たな生きがいや趣味に出会える場合がある
満足感や充実感を得られる	集まりの場で何かの役割をもつことで、誰かの役に立つことができ、満足感や充実感が得られる

2. 集まりの場に参加する意義

　前述のとおり身近な集まりの場にはさまざまな効果が期待できます。しかし、昔はたくさんあった集まりの場は減り続けており、特に新型コロナウイルス感染症の影響により多くの活動が一時休止を余儀なくされました。

　しかし、その必要性がなくなることはないことから、ときには内容を変えながら、徐々にですが住民が集まる場づくりが進んでいます。

　住民が集まりの場に参加し、地域のなかに「顔を知っている人」や「話したことがある人」が増えることは、災害時などに声をかけあえるなど、ある意味でのセーフティネットを広げることにつながります。

　一人暮らしの高齢者にとって地域の集まりの場に参加する意義は大きいことから、次の**3**と**4**で多くの地域で取り組まれている二つの活動を紹介します。

3.「地域の縁側」を目指すふれあいいきいきサロン

(1) 概要

　ふれあいいきいきサロン（以下、サロン）は、1990 年代中頃、全国各地の社協が地域の住民に呼びかけて始まった活動です。全国に先駆けてサロンづくりに取り組んだ社協関係者の話では、地域の高齢者の「昔はよく近所の年寄りが縁側で集まってお茶飲みしていたけど、最近はなくなってさみしい」という話をヒントに取り組みを始めたといいます。そのため、「地域の縁側をつくろう」をキャッチフレーズに、サロンづくりへ取り組んだ社協もありました。

(2) 実施方法

　市町村社協や地区社協が関与しながら、地元の民生委員、自治会役員、ボランティアなどが中心となって運営をしています。

　参加者は高齢者が中心ですが、サロンによっては障害のある人や、

乳幼児とその親が参加するなど、幅広い人々が参加しているものもあります。

　実施場所は、気軽に歩いて行けて、費用が無料か安いところということで、自治会の集会所、公民館、学校の空き（余裕）教室、商工会や農業協同組合の会議室、福祉施設のスペース、個人の住宅などいろいろな場所で行われています。なお、コロナ禍では、「青空サロン」として、屋外で行ったところもありました。

　サロンでは以下のようなさまざまな活動が行われていますが、活動内容を特定せず、集まってゆっくりお茶を飲んだり、おしゃべりをしたり、それぞれが自由に過ごしたりする場合もあります。

<サロン活動の内容（例）>

・ラジオ体操やウォーキング	・レクリエーションやゲーム
・血圧測定や健康相談	・散歩、散策、野外活動
・カラオケ	・料理や会食
・囲碁、将棋、健康マージャン	・絵手紙教室や手工芸作品づくり
・健康講座や犯罪被害を防ぐ講座	・公的施設や工場などの見学
・近隣の保育園や学校との交流	・音楽鑑賞や映画鑑賞

4. 食を手がかりにして集まる場

　地域には、もともと高齢者が参加可能な場として、音楽、絵画、スポーツ、ウォーキング、環境保護、地域美化、郷土史などをテーマにした勉強会、その他にもさまざまな趣味のグループなどがあります。

　さらに、近年では食を手がかりにした次のような集まりの場も広がっています。

（1）共食に取り組む「大人食堂」「みんなの食堂」

　子ども食堂はある程度認知されてきましたが、同様に「大人食堂」

の取り組みがあります。子ども食堂の場合、困窮者対策を主な目的にしてはじまりましたが、「大人食堂」はそのような面をもちつつも、主に「孤食を防ぐ」ことを目的に行われています。子ども食堂が参加対象を順次広げていき、誰でも参加できる「みんなの食堂」になった例もあります。

なお、国が策定した健康づくり計画「健康日本 21（第三次）」には、誰かと一緒に食事をする「共食」の推進が掲げられています。

（2）おしゃべりや交流を促進する「カフェ」

食事ではなく、お茶やコーヒーなど準備が簡単なものを常時用意し、「カフェ」として、気軽に立ち寄って話や交流ができるようにする取り組みです。

飲食自体が目的ではなく、ただまったく何もないと立ち寄りづらいので、入るきっかけとしてお茶やコーヒーが置いてあります。カフェの中をおしゃべりを楽しむコーナーや、囲碁や将棋などを楽しむコーナーなどに分けたり、定期的に講座を開くなど、いろいろな人が立ち寄れるように工夫をしているところもあります。

5. 民生委員としてのかかわり

前記 **1** のとおり、一人暮らしの高齢者にとって集まりの場はさまざまな効果が期待できます。特に定年まで、多くの時間を会社中心で過ごし、地域に知り合いが少ないような人にとってはその効果はより大きいでしょう。民生委員としては、参加可能な場の情報を集めて提供することで、地域の集まりの場に参加するきっかけをつくることにつなげられるとよいでしょう。また、可能な範囲で集まりの場の運営への参加も期待されます。

8 認知症の兆候や進行に
早めに気づくには

認知症の兆候がみられた場合、早めに気づき、支援につなげることが大事だと思いますが、実際にどのような変化が現れますか。気づいたら、どうすればよいでしょうか。

1. 認知症の基礎知識

(1) 認知症とは

2024年1月に施行された共生社会の実現を推進するための認知症基本法は、認知症を次のように定義しています。

第2条　この法律において「認知症」とは、アルツハイマー病その他の神経変性疾患、脳血管疾患その他の疾患により日常生活に支障が生じる程度にまで認知機能が低下した状態として政令で定める状態をいう。

この定義の通り、認知症は特定の疾患名ではなく、病気や障害などが原因で脳の認知機能が低下し、日常生活に支障が生じた状態をいいます。

(2) 認知症のある高齢者数

2024年5月に公表された厚生労働省による推計では、認知症のある高齢者は2022年に443万人（65歳以上の12.3％）、2060年に645万人（17.7％）、また、認知症の前段階とされる軽度認知障害の人は2022年に559万人（15.5％）、2060年に632万人（17.4％）にのぼるとされています。この推計結果からも、改めて認知症は誰にとっても身近な存在であることがわかります。

（3）認知症の基礎疾患と症状

　主な認知症は以下の通りです。特定の病気を原因とする一部の認知症は治療可能ですが、以下については今のところ治療法はありません。

・もの忘れを典型的な特徴とするアルツハイマー型認知症
・いろいろな症状がまだらに現れる血管性認知症
・感情のコントロールが利かなくなる・言葉が出なくなるなどの症状がみられる前頭側頭型認知症
・幻視や手足のふるえなどが現れるレビー小体型認知症　など

（4）早めに気づくために

　認知症になると、以下のような症状が現れます。なお、誰にでも生じる「名前が思い出せない」という現象は、加齢が原因であり、生活に支障も生じないことから認知症の症状とはいえません。

<table>
<tr><td>

・少し前の出来事をすぐに忘れる
・同じことを何度も話したり聞いたりする
・約束したこと自体を忘れる
・繰り返し同じ物を買う
・「もの盗られ妄想」や「幻視」が現れる

</td><td>

・身だしなみを気にしなくなる
・時間、場所、曜日がわからなくなる
・慣れた道で迷う
・預貯金の出し入れや役所の簡単な手続きができなくなる
・掃除やゴミ出しが困難になる

</td></tr>
</table>

2. 民生委員としてのかかわり

　訪問をして、「変化が気になる」ということがあった場合、可能な範囲で訪問頻度を増やし、前述のようなことがみられれば、地域包括支援センターに連絡しましょう。そして、その後の対応は同センター中心に進むことになりますが、民生委員としては可能な範囲で関係者と協力し合って在宅生活を見守る活動ができるとよいでしょう。

9 認知症のある高齢者と信頼関係を築くには

これまで、認知症のある高齢者と一対一で話したことがあります。構える必要はないといわれますが、会話する際のポイントなどがあれば教えてください。

1. 認知症のある高齢者との関係の築き方

（1）言葉や行動の背景にある中核症状を知っておく

　認知症には異なる疾患を原因とするいくつかのタイプがありますが、どのタイプにも共通して現れる症状を中核症状といいます。認知症のある高齢者と会話する場合、表のような中核症状があることを知っておくと、その言葉や行動の背景を考える際に役立ちます。

種類	症状
記憶障害	初期からみられる症状。新しいことを覚えられなくなり、さっき食事をしたことを忘れたり、午前中に買った物を忘れて、午後また同じ物を買ったりする。一方で、昔のことはよく覚えている場合がある。
失語	言葉の理解や組み立てに困難があることから、自分が思っていることを言葉にして相手に伝えることが難しくなる。
見当識障害	「今がいつで、ここはどこで、状況はこうで」といった見当がつかなくなり、夏なのに冬服を着たり、昼夜逆転などが起こったりする。
実行機能障害	物事を計画的に順序立てて行うことが困難になる。例えば、これまでできていた調理が段取りよくできなくなる。
理解・判断力の低下（障害）	物事をスムーズに理解できず、適切な判断ができなくなる。そのため、お金を払わず商品を店外に持ち出す（万引き）行動がみられる。

（2）会話の基本

　「認知症だから理解できないだろう」といった先入観をもたず、相

手に対し常に敬意をもって接することが会話の基本です。そして、相手の視野に入る位置で、ゆっくりはっきり大きな声で話すとよいでしょう。会話中は、相手の話を聴くことに集中し、相づちを打つことで、「聴いてもらえている」という安心感を与えることができ、信頼関係を築くことにつながります。

(3) 会話のポイント

　例えば、認知症のある高齢者が「まだ食事をしていない」「そこに人がいる」といった事実と異なる話をした場合、本人としては認識していることをそのままいっているので、否定をすると混乱させてしまいます。

　このような場合、相手の話をしっかり聴き、感情に寄り添いながら会話をしつつ、徐々に話題を別の方向にもっていくなどの対応をするとよいでしょう。認知症のある高齢者は話の内容を忘れるかもしれませんが、「この人は自分の話をしっかり聴いてくれた」という感覚は残るので、寄り添う姿勢を大切にしましょう。

2. 民生委員としてのかかわり

　民生委員は、同居家族のようにいつも一緒にいるわけではなく、また、施設職員のように専門的支援をするわけでもありません。

　会話をする場面は、訪問をしたときや行事で会う場合などに限られるため、あまり負担を感じることなく会話できる関係にあるわけですが、だからこそ限られた時間のなかでの会話が重要になります。

　そのときの会話を大切にするためにも、前述した会話の基本を理解し、「この人は私の話をしっかり聴いてくれる人」と、受け止めてもらえるように接しましょう。なお、スキンシップが効果的という人もいますが、それは人によって感じ方が異なるので注意してください。

10 認知症のある一人暮らしの高齢者に対する支援と見守り

一人暮らしの高齢者が「将来認知症になっても、一人暮らしを続けたい」と話しています。その場合、どのような支援が必要になるのでしょうか。また、民生委員としてはどのようなことが期待されますか。

答え 1. 認知症のある人の意思を尊重した支援の必要性

　2024 年 1 月に施行された共生社会の実現を推進するための認知症基本法は、「全ての認知症の人が、基本的人権を享有する個人として、自らの意思によって日常生活及び社会生活を営むことができるようにすること」を基本理念に掲げています。

　この「自らの意思」のなかには、当然「在宅生活の継続」も含まれます。同居家族のいる認知症のある高齢者の場合、そのサポートによって在宅生活を続けられますが、同居家族がいなければ在宅生活は困難とされ、これまで多くの場合、施設入所となっていました。

　これからは、同居家族の有無にかかわらず、本人が望む場合に在宅生活を継続できるように、必要とされる条件を整備していく必要があります。

2. 認知症のある一人暮らしの高齢者の生活課題と対応策

（1）生活課題

　認知症のある高齢者が一人暮らしをした場合、次のような課題が考えられます。このほかにも、災害時の対応の問題や、金銭の詐取などの犯罪被害にあう可能性もあります。

- ゴミ出しの日を間違える
- 火の不始末
- 薬の飲み忘れ
- 外出し、帰れなくなる
- 緊急時（体調悪化など）の連絡がうまくできない
- 掃除ができず不衛生になる
- 同じ物を食べ続け、栄養が偏る
- 同じ物を何度も買ってしまう
- 通院やデイサービスの日を忘れる
- 役所や金融機関などから届いた重要な通知をそのままにしてしまう

（2）対応策

　前述のとおり、さまざまな生活課題がありますが、認知症になったからといって何もわからなくなったり、すべてできなくなったりするわけではありません。状態や進行の度合いも一人ひとり違います。

　また近年、認知症のある高齢者に対する支援を意識した技術の開発が進み、その活用により「○○忘れ」を防ぎ、一人暮らしに伴って生じるリスクをある程度減らすことが可能になってきています。

　例えば、認知症のある高齢者をサポートする機能のついたプリペイドカードが登場しています。このカードは、買い物のしすぎを防ぐために1日の使用上限額を設定することができ、また、アプリと連動させることで、離れて住んでいる家族でもカードの購入履歴を確認することができます。これは一例ですが、ICT（情報通信技術）の広がりやAI（人工知能）の進化もあり、今後も認知症に対応した商品やサービスは確実に増えていくと思われます。

　一方、権利侵害や財産の詐取などには、成年後見制度（**第2章⑥**）や日常生活自立支援事業（**第2章⑦**）が一定の歯止めになります。

　さらに、訪問介護やデイサービスなどを利用していれば、定期的に介護職員が自宅を訪問するので、異変が生じた場合に気づいてもらえ

ます。民間事業者が行う、弁当や乳酸菌飲料を手渡しで届けるサービスも同様の安否確認機能をもっています。

このように、認知症のある高齢者が一人暮らしをする条件は徐々に整いつつありますが、そこには自ずと限界があります。認知症支援を意識した商品やサービス、公的支援策の充実とともに、地域住民や関係機関などによる見守りや支援の充実があってこそ、認知症のある高齢者が安心して暮らせる地域共生社会が実現できます。

3. 認知症のある一人暮らしの高齢者に必要な地域とのかかわり

認知症と診断されると、それまで続けていた趣味や地域の活動などをやめてしまうことがあります。本人が決める場合もあれば、家族(別居も含む)が「認知症になった親の姿を仲間に見せるのは忍びない」「参加することで周囲に迷惑をかけるのではないか」と思いを巡らした結果、活動をやめさせてしまう場合もあります。

体力的に無理がある場合や本人が苦痛を感じる場合を除けば、生活にメリハリをつけ、仲間との関係を断ち切らないためにも、それまで続けていた趣味や活動などはできる限り続けたほうがよいでしょう。

特に一人暮らしの場合、サークル活動でほかのメンバーが本人の状況を理解し、活動前日に電話をくれる、当日迎えに来てくれるといった関係性ができれば、それ自体が安否確認の機能をもつことになります。

4. 地域における支援

(1) 日常生活圏のなかでの事業者等による支援

認知症のある高齢者が生活しやすいように、日常的に利用するスーパーやコンビニ等の店員が認知症のことを理解し、来店時に配慮や積極的に声かけをすることなどが期待されます。

特に同じ物を何度も買ったり、代金を払わずに商品を持ち出してしまったりする場合、お店から家族や地域包括支援センターなどに連絡

を入れてもらい、何らかの対応策を検討する必要があります。また、市町村（役所）、金融機関、郵便局、公共交通機関等の窓口でも、認知症のある高齢者に対する配慮や積極的な声かけが期待されます。

（2）地域住民による支援

ここでは多くの地域住民が認知症のある高齢者に対する支援にかかわる方法として、全国各地で取り組まれている認知症サポーターについて紹介します。

認知症サポーターは、専門的資格や特別な役割を与えられた人のことではありません。市町村や各種団体などが行う養成講座（原則90分）を受講し、認知症の基礎的な知識と理解をもち、地域のなかで認知症のある人やその家族に対し、できる範囲で手助けする人をいいます。認知症のある高齢者に対応する可能性のあるスーパー、コンビニ、郵便局、公共交通機関等の職員が職場ぐるみで養成講座を受講している例もあります。

2024年6月末現在、全国で約1550万人の認知症サポーターがいます。重要なことは、講座の受講を通して、できるだけ多くの人が認知症のある高齢者を身近な存在として意識し、認知症を正しく理解することです。そのことを通して、より多くの人が認知症のある高齢者やその家族を温かい目で見守ったり、自分なりにできる範囲の支援を実践したりすることが期待されます。

なお、養成講座の受講者に対しては、講座の主催者が作成した「認知症の人を応援します」という意思を示す認知症サポーターカードやオレンジリング等が渡されます。

5. 民生委員としてのかかわり

一人暮らしの認知症のある高齢者の場合、多くは地域包括支援センターなどがかかわっているので、それらの機関と連携して見守りをし、

異変に気づいたら、家族（いる場合）や関係機関につなぐ役割が期待されます。一方、地域の認知症のある高齢者全般を支援する取り組みとしては、民児協が行う場合を含めて、次のような取り組みが考えられます。

> ① 認知症サポーター養成講座を受講して正しい知識をもち、認知症を理解するとともに、接し方の基本を学ぶ
> ② 地域住民を対象に、認知症に対する理解促進や啓発活動を行う
> ③ 認知症カフェ運営の手伝いや認知症のある高齢者へ同カフェへの参加の呼びかけをする。可能であれば、そこで本人が何らかの役割をもてるようにする（役割を果たすことは本人の自尊感情を高める効果が期待できる）
> ④ 認知症のある高齢者が外出して行方不明になった場合の発見システムに登録をし、訓練に積極的に参加する

　上記の取り組みのうち、認知症カフェについて紹介します。認知症カフェは認知症のある人や家族、関係者などが集い、お茶を飲みながら気楽に話したり、相談などができる場所です。厚生労働省が認知症施策推進総合戦略（新オレンジプラン）で設置を推奨したことから「オレンジカフェ」とも呼びます。

　認知症の人やその家族、介護、福祉、医療などの専門職、ボランティア等が参加する会が月1回程度、各地域で開催されています。

　実施場所は、福祉施設や公共施設のスペース、喫茶店やレストラン（主に定休日や開店前の時間、休憩の時間などを利用）、家族会メンバーの自宅（固定の場合と持ち回りの場合がある）、商業施設やドラッグストアの一角など、地域の実情に応じて行われています。地元での実施状況は、市町村（役所）や地域包括支援センターがおおむね把握しています。

第4章

一人暮らしの高齢者の防災、防火、防犯と家庭内事故の防止

① 災害時の 安否確認と名簿情報の利用

市町村（役所）から「一人暮らし高齢者の名簿」を提供され ていますが、災害時の安否確認に使用してよいのでしょう か。また、先日「避難行動要支援者名簿」も提供されまし た。掲載内容が違うことはわかりますが、名簿情報をどう利 用するとよいでしょうか。

答え 1. 関係する二つの名簿

　民生委員は市町村（役所）から「一人暮らし高齢者の名簿」 の提供を受け、その内容の確認や更新を頼まれたり、日頃の見守りや 訪問活動などに活かしています。一方、災害時に備えるために市町村 が作成する名簿として「避難行動要支援者名簿」があります。

　これらの二つの名簿はいずれも災害時の支援に活用できますが、次 に記述するようにその内容や制度上の位置づけは異なります。

2.「一人暮らし高齢者の名簿」と災害時の活用

　「一人暮らし高齢者の名簿」は法律で市町村に作成が義務づけられ ているものではなく、一人暮らしの高齢者に対する支援を円滑に進め るために市町村が独自の基準を設けて作成しているものです。

　そのため市町村によっては、一人暮らしだけでなく、高齢者だけで 構成されている世帯も含む名簿を作成している場合もあります。また、 支援対象を絞るために、名簿に掲載する高齢者の年齢を 65 歳以上で はなく、70 歳以上や 75 歳以上にしている例もあります。

　いずれにしても、「一人暮らし高齢者の名簿」は、民生委員による

支援を期待して民生委員に提供されているものなので、災害時に限らず、日頃からその名簿をもとに安否確認や所在確認をしても問題はありません。

ただし、「一人暮らし高齢者の名簿を持っているから、ただちに災害時に安否確認をしなければならない」ということではありません。災害時には、まずは自分の安全確保を優先して動くという原則のうえで、民児協会長や事務局などと相談しながら安否確認に動くようにしてください。

3. 避難行動要支援者名簿と災害時の活用

一方、質問にある「避難行動要支援者名簿」は、対象を一人暮らしの高齢者に限定した名簿ではありませんが、市町村が作成し民生委員活動にも関係する重要な名簿です。以下、災害時の市町村の役割とともに説明をします。

(1) 災害対策基本法に規定された災害時における市町村の責務

災害対策基本法では、市町村の災害時における住民を守る責務が第5条に規定されています。

> 第5条　市町村は、基本理念にのつとり、基礎的な地方公共団体として、当該市町村の地域並びに当該市町村の住民の生命、身体及び財産を災害から保護するため、関係機関及び他の地方公共団体の協力を得て、当該市町村の地域に係る防災に関する計画を作成し、及び法令に基づきこれを実施する責務を有する。

この住民を守るという責務を前提にしたうえで、そのなかの「要配慮者」に対して、防災上必要な措置を講じるように努力する義務が第8条第2項第十五号で規定されています。

> 第8条
>
> 2 国及び地方公共団体は、災害の発生を予防し、又は災害の拡大を防止するため、特に次に掲げる事項の実施に努めなければならない。
>
> （一〜十四 省略）
>
> 十五 高齢者、障害者、乳幼児その他の特に配慮を要する者（以下「要配慮者」という。）に対する防災上必要な措置に関する事項

（2）市町村に課されている避難行動要支援者名簿作成の義務

市町村に対しては、要配慮者のなかで特に支援が必要な人を掲載した避難行動要支援者名簿（以下、名簿）の作成義務が第49条の10に規定されています。

> 第49条の10 市町村長は、当該市町村に居住する要配慮者のうち、災害が発生し、又は災害が発生するおそれがある場合に自ら避難することが困難な者であつて、その円滑かつ迅速な避難の確保を図るため特に支援を要するもの（以下「避難行動要支援者」という。）の把握に努めるとともに、地域防災計画の定めるところにより、避難行動要支援者について避難の支援、安否の確認その他の避難行動要支援者の生命又は身体を災害から保護するために必要な措置（以下「避難支援等」という。）を実施するための基礎とする名簿（（中略）「避難行動要支援者名簿」という。）を作成しておかなければならない。

4. 民生委員としてのかかわり

（1）避難行動要支援者名簿の民生委員への提供

名簿の情報は、災害が起きていない平常時は、本人の同意がないと民生委員等の関係者に提供できません（ただし、市町村が条例で定めれば平常時に本人の同意がなくても情報提供が可能）。

今回の質問では、平常時に名簿が提供されています。したがって、そこに掲載されている情報は「本人から同意が取れた人だけの情報」または「該当者全員の情報」（条例で定めている場合）のどちらかだと思われます。いずれにしても、名簿は災害に関連したことで活用するために提供されているので、その目的の範囲で活用することは問題ありません。

　一方、災害発生時は本人の同意がなくても市町村長の判断で、民生委員等の関係者に情報提供ができ、名簿をもとに安否確認を依頼される場合もあります。

（2）一人暮らしの高齢者の安否確認

　災害時、民生委員としては名簿に載っている一人暮らしの高齢者や高齢者世帯のことが気になるでしょう。

　その場合、自分の安全が確保されていれば、民児協会長や事務局などから指示や依頼がなくても、自己判断で名簿をもとに安否確認を行っても問題はありません。その際、気になることなどがあれば関係機関に連絡するとよいでしょう。一人暮らしの高齢者にとって「災害時に一人でいること」自体が不安を増幅させるので、民生委員が顔を見せて、ひと声かけるだけでも安心につながる効果が期待できます。

（3）災害時に避難行動要支援者名簿を活かすために

　災害発生時は名簿情報が市町村から提供され、安否確認を頼まれる可能性がありますが、災害時に初めて名簿を渡されても実際の安否確認はスムーズにはいきません。スムーズに行うためにも、日頃から民児協の関係者や市町村の担当部署などと、「一人暮らし高齢者の名簿」の活用を含めて、安否確認の方法や優先順位などを話し合っておくとよいでしょう。

② 「災害のときは真っ先に 助けに来て」と頼まれた

一人暮らしの高齢者から「災害が起きたら必ず私のところに真っ先に助けに来て」といわれました。どのように対応すればよいでしょうか。

1. 災害時の支援の基本的な考え方

災害時、民生委員は自分や家族の安全確保を最優先に行動してください。災害時に誰かを助けに行く役割は民生委員にはないので、一人暮らしの高齢者に対してもそのことははっきり伝えましょう。同時に、高齢者が災害時のことを不安に思い、心細くなっている心情を受け止め、日頃から災害の発生に備えた取り組みを一緒に行ったり、不安をやわらげるための声かけなどができるとよいでしょう。

2. 一人暮らしの高齢者の災害に対する不安

多くの地域で、避難行動要支援者名簿の作成や更新に民生委員がかかわっているため、高齢者のなかには「災害時は民生委員が助けに来てくれる」と思っている人がいます。一人暮らしの高齢者で、近くに頼る人がいなければ、誰かを頼りにしたいと思うこと自体はやむを得ないことかもしれません。以前、ある民生委員から、実際に災害が起きたあとに、一人暮らしの高齢者から「なぜあのときは助けに来てくれなかったのか」といわれた、という話を聞いたことがあります。

3. 民生委員としてのかかわり

（1）民生委員は自身の安全確保を最優先にして行動する

一人暮らしの高齢者の不安は理解できますが、災害時、民生委員は

自分や家族の安全確保を最優先に行動することが原則です。

　民生委員は消防や警察や自衛隊と違い、避難支援の訓練を受けているわけではありませんし、そもそもそのような能力を基準にして委嘱を受けているわけでもありません。使命感をもつことは大切ですが、使命感だけでは危険な状況のなかで誰かを助けることはできません。

（2）安全が確保されていれば避難支援をする場合もある

　確実に安全が確保されているという前提での話ですが、そのような場合には、民生委員自身の事情が許すのであれば、避難支援の役割が期待されます。例えば、市役所から「明日台風が来ることが予想されます。避難所を開設したので今日中に避難してください」という呼びかけがあった場合に、民生委員の事情が許せば、一人暮らしの高齢者の避難に同行したり手伝うことが考えられます。

　ただし、これは義務ではなく、あくまでも民生委員の安全が確保され、事情が許せばという条件つきでの話です。

（3）日頃から一人暮らしの高齢者の不安を軽減するかかわりをする

　日頃からのかかわりとして、一人暮らしの高齢者と一緒に備蓄品や非常持ち出し袋を確認したり、避難所まで歩いて経路を確認したりすることなどがあげられます。まずは最大限、本人ができることを支援していきます。

　この場合、民生委員だけでなく、自治会や自主防災組織などと一緒に活動することも考えられます。一人暮らしの高齢者は、一人でも多くの地域住民とつながることによって安心感を得られます。

　また、**第4章①**で解説した市町村が作成する避難行動要支援者名簿に掲載してもらえるように促してもよいでしょう。ただし、その人の個別の避難支援者として民生委員が登録しなければならない義務はないので、その点は切り離して考える必要があります。

③ 地域で取り組む防災活動

私の地区では防災訓練に力を入れていますが、一人暮らしの高齢者のなかには参加する人とそうでない人がいます。なるべく多くの人に参加してもらうためのよいアイデアはありますか。また、防災訓練以外に日頃から地域で取り組めることがあれば教えてください。

 1. 日頃から地域で取り組める防災活動

　　地域で取り組む防災活動には、次の二つがあります。

①地域住民が一斉にまとまって行う活動（特に防災訓練）

②地域で協力して個々の世帯の防災力を高める活動

　以下、これら二つの活動の具体例と工夫について解説します。

2. 地域住民が一斉にまとまって行う活動（特に防災訓練）

　一人暮らしに限らず高齢者のなかには、防災訓練に関心はありながら、参加はしなかったという人は少なくありません。

　その理由の一つに「訓練会場まで行くのが大変」という声があります。そのため、高齢者など体力的な課題がある人には、「できる範囲で行える」ことを考えるとよいでしょう。例えば、「地域の防災訓練の日時に合わせて、自宅で垂直避難をする（家の2階やアパートの上の階に上がる）」「非常持ち出し袋を持って家の前や近所まで出る」「最寄りの避難所までの道のりの半分あたりのところまで行く」といった達成しやすい目標を設定して参加する方法が考えられます。

　これらを目標にして行動することで、次のチャレンジにつながった

り、いざというときに役立つ教訓が得られたりします。

　かつては「避難＝避難所に行くこと」が当然とされていましたが、最近は垂直避難など、それ以外の避難方法の重要性もいわれています。

　なお、避難訓練に地域の子どもたちも加わってもらい一緒に避難できれば、高齢者の関心や参加意欲をより高められるでしょう。

3. 地域で協力して個々の世帯の防災力を高める活動

　この例としては、近隣住民などが協力して、高齢者の室内での安全確保のために家具の転倒防止器具を取り付ける活動があります。

　家具の固定の必要性は多く語られているものの、実行している人は多くありません。そこで、地域で一斉点検の「日」や「週間」などを設けて、地域全体に家具の転倒防止の点検や器具の取り付けなどを呼びかけるキャンペーンを行うと効果的です。その際、一人暮らしの高齢者に対しては、固定する器具などを持参（自治体の補助金などを活用して購入し、無料または安い費用で提供）し、ボランティアや近隣住民が取り付けるといったことも考えられます。

4. 民生委員としてのかかわり

　前述のとおり、地域で取り組む防災活動には、集まって行う活動がある一方で、個人で行える活動もあり、参加の選択肢が増えています。

　一人暮らしの高齢者のなかには、気になっていても防災に関する情報がなかったり、自分一人で何をすればよいのかわからなかったりする人もいます。

　民生委員としては、そのような人と一緒に備蓄品の確認をすることや避難所まで歩くことなどの役割が期待されます。同時に、町内会や自主防災組織、学校やPTAなど地域の関係機関や団体と連携しながら、一人暮らしの高齢者が防災活動を通じて、より多くの地域住民と知り合う機会をつくる役割も期待されています。

④ 住宅火災の防止

住宅火災による高齢者の犠牲が増えていると聞きます。一人暮らしの高齢者の場合、特に心配なのですが、有効な防止策や民生委員としてできることがあれば教えてください。

1. 住宅火災に関する基礎知識

答え　2023 年 1 月～ 12 月（概数）に全国の住宅火災で亡くなった 977 人のうち、65 歳以上の高齢者は 727 人（74.4%）でしたが、ほぼ毎年、住宅火災の死者の約 7 割は高齢者です。高齢者の犠牲が多い要因としては、火災発生リスクの高い環境での暮らしや、火災が起きたときの避難行動が遅れてしまうことなどがあげられます。

同居家族がいれば火災のリスクを減らすことはできますが、一人暮らしの高齢者の場合には、周囲の人による火災予防を意識した情報提供や片付けの提案など、積極的なかかわりが期待されます。

2. 住宅火災の発生原因と被害が多い理由

（1）高齢者は火災発生リスクの高い環境で暮らしている

例えば、高齢者の次のような暮らしぶりは火災のリスクを高めます。

①仏壇の線香やろうそくに火を点ける習慣がある

②行動範囲が狭まり、手元にいろいろなものを置いている

③（転倒時の自動消火装置のない）古いストーブを使っている

④電話や来訪者があるとガスをつけたままにして対応する（古いガス器具には過熱防止の安全装置はない）

（2）避難行動が遅れやすい

　高齢者は、加齢に伴い五感の機能が低下し、火災に気づきにくくなります。また、とっさの行動がとりにくくなるとともに、身近なものを手元や足元に置くことが多く、それも行動の妨げになります。

3. 民生委員としてのかかわり

　火災予防には一定の専門的な知識があると安心です。消防署や消防団等と連携して以下のような活動ができるとよいでしょう。

（1）住宅用火災警報器の取り付けの確認と点検

　住宅には住宅用火災警報器（以下、警報器）の設置が義務づけられていますが、設置率は全国で84.3％です。つまり、20件のうち3件は未設置であるといえます。

　警報器によって火災に気づくこともできるので、まずは確実に設置する必要があります。また、作動するかの定期的な点検も、専門機関や業者の協力が得られるとよいでしょう。

（2）古い機器などの点検

　古いストーブやガス器具は安全装置がなく、また、長年使っているコードやガス管などは劣化します。使い慣れている場合でも、点検や買い換えなどを推奨することが大切です。火災リスクの高いろうそくや線香を電池式のものに変えるという方法もあります。

（3）正しい知識をわかりやすくチラシなどで伝える

　「すぐにできる防火対策」などのイラストが入ったチラシをつくり、高齢者に配りながら生活環境を確認する方法もあります。

（4）定期的な訪問時に確認する

　定期的な訪問のなかで、防火の視点から生活の様子を把握し、対策に有効な情報の提供や注意喚起をすることも大切です。

⑤ 家庭内での転倒防止

一人暮らしの高齢者が「家の中で転んで腰を打った」という話をしていました。幸い大事に至りませんでしたが、転倒しないための対策や工夫があれば伝えたいと思っています。どのような方法があるのでしょうか。

1. 家の中での転倒と一人暮らしの高齢者のリスク

　国の調査によると、介護が必要になった主な原因は認知症が最も多く、次いで脳血管疾患、骨折・転倒となっています。

　加齢に伴い、筋力やバランス感覚が低下し転びやすくなり、とっさのときにとる行動も遅くなります。その結果、家の中でのちょっとしたつまずきでも転倒し、骨折することがあります。打ち所が悪ければ身動きができなくなりますし、転倒時に頭を打てば大けがをします。

　転倒したとき、同居者がいれば気づいてもらえますし、同居者自身が転びそうになった経験があれば何らかの対策をするかもしれません。しかし、一人暮らしの高齢者の場合、転倒して起き上がれなくても気づく人はなく、一人で対策をすることも簡単ではありません。

　転倒時に外部の人に気づいてもらう方法には、住民による見守り活動（**第3章④**）や機器による見守り（**第3章⑤・⑥**）もありますが、高齢者自身が日頃から転倒防止の対策を講じておくことが大切です。

2. 転倒防止対策

　基本的対策には、「転ばぬ先の手すり」として早めに手すりをつけること（介護保険を使える場合もあり）と、足下灯などで足下を明る

くすること、の2点があります。

　また、転倒して動けなくなった場合に備え、室内であっても、移動時には必ず携帯電話を持ち歩くことも対策の一つになります。

　その他、転倒の原因を踏まえた次のような対策があります。

①絨毯やカーペットの端に足をひっかけたり、ずれて滑らないように、ピンなどで確実に留めたり、部屋全体に敷きつめるようにする。
②雑誌や新聞につまずいたり、よけようとバランスを崩したりすることがあるので、床に置かずに片づける。
③足を取られないよう、動線上に電気コードは置かず、ケーブルカバーをつける。ただし、火災防止のため束ねることはしない。
④玄関や脱衣所のマットは、裏がゴムなどの滑りにくいものを使う。
⑤靴下だけだと滑るので、床の場合は必ずスリッパを使う。スリッパは足先や足裏を守るためには有効だが、脱げて滑りやすいので、できればかかとのあるルームシューズを使うとよい。

3. 民生委員としてのかかわり

　民生委員が行う見守り活動には、①万が一への備え、②万が一の事態が起こらないように日頃から支援すること、の二つの役割があり、転倒防止のための情報提供は、②の役割に該当します。

　前述の**2**の対策はいずれもすぐに取り組めるので紹介するとよいでしょう。なかには多少費用のかかるものもありますが、転倒による入院などに比べれば、決して高い買い物ではないといえます。

　また、筋力の低下を防ぐために、地域で行う健康教室等の情報を提供して参加を後押しすることも転倒予防につながる取り組みです。なお、「転倒予防の日」（日本転倒予防学会が制定）である10月10日に合わせて、民児協として転倒防止対策のチラシを準備し、それを配りながら、転倒防止を呼びかける方法も考えられます。

6 家庭内での事故防止

高齢者が家の中の不慮の事故でけがをしたり、亡くなったりすることがあると聞きましたが、どのような事故が起こっているのでしょうか。また、事故防止の対策があれば教えてください。

1. 家の中で起こる事故と一人暮らしの高齢者のリスク

　加齢に伴い、筋力や運動機能、視力や聴力などが低下し、噛む力や飲み込む力なども衰えます。これらの低下は緩やかに進みますが、以前は簡単に越えられた浴槽の縁を高く感じたり、昔は意識せずに飲み込めたものが飲み込みにくくなる等、実際の困難を体験して心身機能の低下を自覚することになります。この場合、生活環境を点検して改善したり、慎重に行動するようにしていれば、ある程度事故は防げますが、そうでないと家庭内の事故が起こりやすくなります。

　実際にどのような事故が起きているかを知り、ハード（設備や備品）とソフト（意識や行動）の両面で備えをすることが大切です。

2. 家の中で起こる事故と防止対策

（1）浴槽での溺死

　原因は、温度差による急激な血圧変動で意識を失うこと（ヒートショック）で、これは脱衣所でも起こります。あらかじめ浴室や脱衣所を暖め、湯温を41℃以下に設定し、長湯をせず、出るときはゆっくり行動する等の対策が有効です。また、洗い場での転倒防止には滑り止めマットが効果的です。

（2）食事中の窒息の危険

　噛む力や飲み込む力が弱まっていることを自覚せずに飲食すると窒息の危険があります。特に正月は、餅を喉に詰まらせ亡くなる人があとを絶ちません。餅は小さく切り、少しずつ噛んでゆっくり食べる必要があります。日頃の食事でも、硬いものや粘り気の強いものなどは、細かくする、水分を一緒に摂るなどの工夫が必要です。

（3）低温やけど

　こたつ、床暖房、カイロ等の比較的温度の低い熱（45℃〜50℃程度）が一定時間以上、皮膚に当たり続けることで起こります。高熱ならすぐに熱さに気づけますが、低温の場合、気づいたらやけどをしていたということがあります。低温といっても、やけどの程度が軽いわけではなく、やけどがからだの奥まで達し重度になる場合もあります。熱源を覆うなど熱が直接肌に伝わらないようにすることが大切です。

（4）転落

　階段からの転落防止には手すりや滑り止めの設置が有効です。また、脚立やはしご等からの転落もあるので、電球の交換等が必要な場合、無理せず誰かに頼むことも大切です。

3. 民生委員としてのかかわり

　日頃の訪問などで事故の具体例や予防策について情報提供することが大切です。その際、例えば、関係行政機関のホームページに載っている「イラストつきのわかりやすい予防策」などを民児協で印刷し、それを話の手がかりとして手渡しながら説明する方法も考えられます。冬はヒートショックなどのリスクが高まるので、季節に合わせて説明することも大切です。

7 熱中症の予防

毎年、熱中症で体調を崩す人や、なかには亡くなる人もいます。特に一人暮らしの高齢者は心配なので、対策の基本を教えてください。

1. 熱中症の基礎知識

(1) 熱中症が発生する三つの条件

　熱中症とは、熱が体内に蓄積されることでからだに変調をきたす状態をいい、次の三つの条件によって発生します。

条件	内容
環境	温度や湿度が高い、温度や湿度が高い状態が長く続く、風通しが悪い、直射日光が当たる、急に暑くなったなど
行動	激しい運動、炎天下での作業、マスクをしているなど
体力や体調	高齢者や子ども、過労、栄養不足、寝不足や二日酔い、病気で体力が低下しているなど

(2) 高齢者の特性と熱中症のリスク

　高齢者は、加齢に伴い感覚機能が低下するため、暑さや喉の渇きを感じにくくなります。また、若い頃に比べて体内の水分量が減る一方で、体内の老廃物を排出するためには多くの尿が必要になります。さらに、体温調節機能も低下するので、体内に熱がたまりやすくなります。

　このように、高齢者は自分の若い頃よりも、あるいは周囲にいる若い世代などと同じ環境にいて同じことをしていても、熱中症になりやすいということを十分認識して対策をする必要があります。

2. 個人で行う熱中症の予防対策

　暑いときに激しい運動や作業をしないことは当然ですが、高齢者の場合、夜間寝ているときや昼間静かにしているときにも熱中症になることがあり、日頃から次のような予防対策をする必要があります。

①エアコンや扇風機を使い、風通しをよくする
②カーテンやすだれなどで直射日光をさえぎる
③喉の渇きを感じなくてもこまめに水分を補給する（入浴の前後も）
④冷却シート、クールタオル、冷却スプレーなどを使う
⑤外出時は涼しい服装をして日傘や帽子を使い、こまめに休憩をする

3. 市町村や地域で行う熱中症の予防対策

　近年、各市町村では「クーリングシェルター」「クールスポット」などの名称で、高齢者などが暑さから逃れて、自由に休める場所の整備（公共施設の一部スペースの指定）が進んでいます。民間施設から協力を得られた場合には、スーパーやデパートの休憩スペースなどが開放されることもあります。また、地域のサロン活動を、夏場は「熱中症予防サロン」として頻回に行っている例もあります。

4. 民生委員としてのかかわり

　民生委員には、注意を呼びかけるチラシなどを持って一人暮らしの高齢者を訪問し、前述の**2**の予防対策や**3**の場所の紹介などをする役割が期待されます。また、可能であれば「熱中症（特別）警戒アラート」が出たタイミングで、こまめに訪問や電話をして注意を呼びかけることが期待されます。特に、家にいる場合はエアコンや扇風機の使用を促す必要があります。

　なお、熱中症には、民生委員自身も気をつけることを忘れないようにしてください。

8 悪質商法の被害を防ぐ

 悪質商法のニュースが毎日のように流れますが、一人暮らしの高齢者は特に被害にあう危険性が高いように思います。被害を防ぐ有効な方法があれば教えてください。

1. 悪質商法とは

悪質商法は法律で定義された言葉ではありませんが、一般に、「利益を目的にして不当な方法で行われる販売や勧誘など」のことをいいます。

また近年では、販売とは逆に、業者が高齢者の持っている高価な貴金属等を不当に安い金額で強引に買い取る、「買い取り商法」の被害も拡大しています。

悪質商法は、人の不安や知識不足などにつけ込んで行われるため、高齢者以外でも被害にあうことはあります。しかし、一人暮らしの高齢者の場合、周囲で様子を見ていて被害に早めに気づく人がいないため、だまされていることや無駄な買い物をさせられていることに長期間気づかず、被害が拡大してしまいます。一度被害にあった人が何度も被害にあうケースや、悪質な業者の間で被害者名簿が売買されているため、別の業者の被害にあう事件も起きています。

悪質商法を取り締まる主な法律には、訪問販売や通信販売等のトラブルが生じやすい取り引きを対象として、事業者が守るべきルールやクーリング・オフ等の消費者を守るルールを定めた「特定商取引法」、事業者の不当な勧誘行為によって結ばれた契約の取り消し、不当な契

約条項の無効等を定めた「消費者契約法」があります。

2. 悪質商法の手口

　ここでは、高齢者が被害にあいやすい主な悪質商法を紹介します。

悪質商法	手口・方法
点検商法	例：床下を点検し、事前に用意した別の家のシロアリ写真を見せ、「今工事しないと大変なことになる」と脅し、高額な駆除契約を迫る。持参したシロアリを「今、お宅の床下にいた」といって見せる場合もある。 仮にシロアリがいても、1日や2日で住宅がシロアリに食い尽くされることはないので、駆除をする場合はほかの業者にも見てもらうなど時間をおいて冷静に考える。雨どい、消火器、水道などでも同様の商法がある。
かたり商法	例：「消防署員」「ガス会社検査員」などと名乗り、「法改正によって○○の設置が義務づけられた」などといって売りつける。 ときには、「今なら補助金が出るので安く買える」といって、実際には設置義務のない消火器などを高額で売りつける。消防署などの公的機関は物品販売はしない。また、「それらしい服装」にだまされないことも大事。
送りつけ商法	例：注文していない健康食品や生もの等が代金引換の宅配便で送られてくる。発送元に電話をすると、「確かに注文を受けた。食品は返品できない。支払わないと詐欺で逮捕される」と脅される。 身に覚えがなければ受け取りを拒否することができる。荷物が生ものや食品でも拒否できる。「それなら送り返せ」といわれても送り返す義務は一切ない。
催眠商法	例：「先着〇人に景品進呈」「健康器具の無料体験」などの文句で人を集め、雑貨の無料配布などで場を盛り上げる。「買わなければ損だ」という雰囲気にして高価な健康器具などを「大幅割引」「先着何人」といった文句で売りつける。 買わずに帰ろうとすると、販売員が威圧的に立ちふさがることもある。会場に行かないことが最大の予防策。
訪問購入（押し買い）	例：「不要品は何でも買い取ります」などといって訪ねてくる。実際の不要品等を見て世間話をしながら「貴金属は高く買いますよ。見せていただくだけでもいいので」といい、貴金属を見せると、それを手に取り、有無をいわさず安い金額を手渡され、すぐに立ち去ってしまう。 「断捨離」や「終活」が流行しているが、そこで出た不要品をわざわざ高い値段で買う業者はいない。業者の目的は、最初から貴金属を安く買うことなので絶対に貴金属は見せてはいけない。

利殖商法	例：「値上がり確実」「元本保証」などのうたい文句でまったく価値のない債券や値上がりするはずのない荒れ地の購入、実態のない自然エネルギービジネスへの投資などを持ちかける。 そもそも「値上がり確実」や「元本保証」という言葉を使うこと自体が違法である。そのような話は全部嘘であり、絶対に話に乗ってはいけない。
災害に便乗した悪質商法	例：地震のあとの場合 ・被災家屋を見つけると、了解をとらずに勝手にいい加減な工事をして高額な料金を請求する。 ・公的機関のような名称を名乗り、「家屋被害の無料調査をしている」としていい加減な調査をし、「修理の必要性がある」と高額な工事契約を迫る。 ・「あとから補助金が出るので自己負担ゼロで補修できる」といわれ高額で工事をすると、業者への支払い後に補助金そのものがないことがわかり、全額が自己負担になる。 頼んでいない工事代金を払う必要はない。工事を終えていても、その点は同じ。また、「修理が必要」などと言われた場合、とにかくその場ですぐに判断しないことが大事。

3. 民生委員としてのかかわり

（1）注意喚起をする

　「悪質商法に引っかからないように気をつけて」というだけでは効果はありません。日頃の訪問時などに具体的な事例をあげて注意喚起をすることが大切です。

　例えば、催眠商法が疑われるような業者のチラシが地域で配られた場合、民生委員の立場でただちにその業者を悪質と決めつけることはできませんが、「ほかの地域でこのようなことがあった。販売会場に行った人は途中で怖くなって帰ろうとしたけど帰してもらえなかったらしい。十分に気をつけて」と話すことはできます。

（2）早めに気づいて支援する

　訪問時に、最近買った物や会った人、訪ねて来た人のことなどを聴くことや、室内をさりげなく見渡して新しい物を見かけたり様子が変わっていたら、それらを話題にすることで被害に気づくことがあり

ます。

　また、その高齢者が在宅サービスを利用していれば、訪問介護員（ヘルパー）や介護支援専門員（ケアマネジャー）などと日頃から情報交換をしておくことも早めの気づきにつながります。

（3）だまされたことによるダメージを広げない

　高齢者に限りませんが、多くの人は「だまされたことを他人に知られたくない」と思うでしょうし、何よりも、だまされたことで一番傷ついているのは本人です。

　民生委員としては、だまされたこと自体を大げさに取りあげるのではなく、あくまでも今後それ以上被害を広げないためにはどうしたらよいか、可能なら被害を回復することはできないか、といった観点から支援するとよいでしょう。なお、「Ａさんが被害にあった」という事実はＡさんに関する個人情報になります。その点も理解したうえでかかわることが大切です。

（4）関係機関と連携して対応する

　説明をしても本人が自分の被害を認識できないような場合には、躊躇せずに地域包括支援センターや消費生活センターなどに連絡してください。なお、この場合は、個人情報の保護よりも本人の財産の保護が優先されるので、個人情報の取り扱い上の問題が生じることはありません。

（5）日頃から近隣住民の協力を得る

　見慣れない人物や工事業者が出入りしているような場合に、近隣住民から情報提供を受けることができれば迅速な対応につながります。そのため、日頃から近隣住民との関係を構築しておくことも大切です。

9 特殊詐欺の被害を防ぐ

高齢者がだまされてお金を送ってしまったというニュースが毎日のように流れますが、一人暮らしの高齢者は特に被害にあう危険性が高いように思います。被害を防ぐ有効な方法があれば教えてください。

1. 特殊詐欺に関する基礎知識

高齢者などがだまされてお金を払ってしまうオレオレ詐欺や、架空料金請求詐欺などを総称して「特殊詐欺」と呼んでいます。

2023年の特殊詐欺の被害者のうち78.4％が高齢者（65歳以上）でした。このなかには、同居者がいる高齢者もいますが、一人暮らしの高齢者のほうが詐欺にあいやすく、多数を占めていることは容易に推測できます。

予防策を考えるために、次の表で典型的な手口を紹介します。

2. 被害を防ぐ方法

（1）固定電話対策が必要

警察庁の統計によると、特殊詐欺の被害者が詐欺の相手とやりとりした最初の通信手段は、電話が77.5％（その他はメールやはがき等）であり、そのうちの90.5％は固定電話でした。つまり、固定電話が特殊詐欺の入り口になっていることがわかります。

携帯電話であれば、通常はかけてきた相手の番号が表示されますし、

特殊詐欺	手口・方法
オレオレ詐欺	電話で息子や孫、その上司や警察官などを名乗り、仕事のトラブルや事故への対応に緊急でお金が必要になったという内容で現金を要求する。会社の同僚などを名乗って自宅や待ち合わせ場所まで現金を取りにくる。
預貯金詐欺	警察官や銀行協会職員などを名乗り、「あなたの口座が犯罪に利用されているのでキャッシュカードの交換が必要だ」などといってカードをだまし取り、偽のカードとすり替える。同時に暗証番号も聞きだして預貯金を引き出す。
架空料金請求詐欺	インターネットの有料サイトの事業者を名乗って、未納料金の督促を携帯電話のショートメールで送ったり、裁判所や法務省などを名乗って未払い料金の督促を郵便で送ったりする。メールや郵便物にある番号に電話をすると、「すぐ支払わないと逮捕される」「今払えばあとで大部分が返還される」などといわれて、送金させられる。ときには警察を名乗ることもある。
還付金詐欺	自治体や税務署、年金事務所の職員などを名乗り、「医療費や税金が還付される」「未払いの年金があるのでこれから受け取れる」といった電話がかかってくる。「手続きは今日中」といって焦らせ、すぐに携帯電話を持って近くの ATM に行くよう指示される。指示どおりに操作すると、自分（被害者）の口座から相手の口座に送金されてしまう。
金融商品詐欺	架空または価値のない未公開株や有価証券などについて、「高額の配当がつく、必ず儲かる、買ってもらえればあとで 2 倍の額で買い取る」などといって、購入代金をだまし取る。最初は実際に少額を儲けさせて信用させ、大金を送金させたあとに連絡が取れなくなる手口もある。
有名人なりすまし詐欺	テレビに出ている有名人を名乗り（もちろん本人ではない）、金融商品詐欺などを行う。普通は信用しないような「うまい話」でも、有名人がいうのだからと信用してだまされる。AI の発達により被害が増えている。

特定の番号の着信や、非通知番号を拒否する機能がついています。これらの機能は自分の手元で容易に設定でき、追加料金もかかりません。また、着信履歴も残ります。

　一方、固定電話ではこれらの機能は標準ではなく、別途手続きや料金が発生するため、あまり使われていません。一度電話に出てしまうと言葉巧みにだまされることから、何よりも固定電話による接触を防ぐ取り組みが必要です。

(2) 固定電話対策の実際

①ナンバーディスプレイや着信拒否機能などを付加する

　前記の携帯電話のような機能が固定電話にあれば、接触のハードルが高くなり、被害にあいにくくなります。かつてはどの機能も有料でしたが、現在、電話会社では一定要件を満たす70歳以上の高齢者世帯などを対象に、ナンバーディスプレイ等の一部サービスを無料にしています。なお、利用には申し込みが必要です。

　また、大手の固定電話サービス会社では、共通の「国際電話不取扱受付センター」を設置しているので、そこで手続きをすると国際電話を一括して着信拒否できます。

②いつも留守番電話にしておく

　留守番電話の設定になっていれば、詐欺の相手は留守電の案内音声が流れた時点で電話を切ります。高齢者本人は、相手が伝言を話し始めた段階で、その声が知り合いだった場合のみ受話器をとるようにします。友人などにそのことをあらかじめ伝えておくとよいでしょう。

(3) 被害を防止するための行動や心構え

①相手が子や孫、その代理を名乗っている可能性があるため「番号が変わった」「風邪をひいた」などといっても最初は信用しない。その電話のあとに必ずこちらから本人あてに折り返しの電話をする。

②「絶対に儲かる」話は、全部うそである。そんなうまい話はない。

③メールやはがきに書いてある番号に電話をかけない。

④キャッシュカードやクレジットカードを渡さない（預けない）。

⑤個人情報や暗証番号は教えない。

⑥いずれの場合も信用できる周囲の人や公的機関等にすぐに相談する。

3. 民生委員としてのかかわり

（1）被害防止を呼びかける

　「特殊詐欺に気をつけて」というだけでは効果はありません。日頃からニュース等を見たり、前述の手口などを参考にしたりして具体的に伝え、注意喚起をするとよいでしょう。また、啓発に関するチラシやポスターを関係機関から入手したり、民児協でつくったりして、それらを手渡しながら説明することも有効です。

（2）固定電話対策の呼びかけや設定などを手伝う

　固定電話対策を行っていない場合には、まずは対策を呼びかけることが大切です。なかにはそうしたくても手続きや設定を行うことが困難な人もいるので、その場合は周囲にも協力を求めながら支援しましょう。

（3）日常生活自立支援事業の利用を勧める

　第2章⑦にある日常生活自立支援事業は、社協が金銭管理をしたり、預貯金通帳や印鑑を預かったりします。そのため、利用する高齢者などは多額の現金を手元に置くことがなくなります。また、予定外に預貯金を引き出す場合は同事業の担当職員が理由を聞くので、一定の歯止めになります。利用できる可能性などをあらかじめ社協と確認したうえで、同事業を紹介できるとよいでしょう。

10 住民から「近所に住む 一人暮らしの高齢者を 見かけない」との連絡があったら

住民から「近所に住む一人暮らしをしている高齢者を見かけないので心配」と連絡がありました。このような場合、どうしたらよいでしょうか。

答え 1. 高齢者の異変に気づきにくい現代社会

　　かつての高齢者は、一人暮らしでも近所の住民と日常的に行き来し、回覧板の受け渡しや、地域のお祭りや行事への参加、老人クラブの集まりなどが頻繁にありました。また、光熱費や家賃は直接手渡しで支払っていました。今では配達方法を指定できる商品の配達も、昔は手渡しが当然でした。

　このように、かつては生活することが地域のさまざまな人と接することであり、それ自体がセーフティネットの役目をもっていました。自宅にいるはずの人が声をかけても出てこない、集まりに顔を出すはずの人が顔を出さない、というようなことがあれば、誰かが心配し、何らかの確認や対応がなされていました。

　しかし現代では、人と人とが接して言葉を交わす機会が減りました。そのため、マンションの一室で身寄りのない高齢者が亡くなっていても、銀行口座からの家賃や水道光熱費の自動引き落としが続き、だいぶ経って引き落としができなくなり、管理会社の人が訪ねて初めて亡くなっていることがわかったというようなことが起きています。

　こうしたなかで、地域では人と人との接触を増やすための見守り活動（**第3章④**参照）も行われていますが、ここでは、実際に異変が

疑われる連絡があった場合の対応の原則を紹介します。連絡をもらったときに慌てないためにも知っておくとよいでしょう。

2. 見かけない理由として考えられること

　「一人暮らしの高齢者を見かけない」というと最悪の事態を考えるかもしれませんが、実際にはそれも含めて、次のようなさまざまな理由や状況が考えられます。このうち、周囲の対応が必要になるのは⑤⑥⑦ですが、いずれにしても状況を確認する必要があります。

①周囲と顔を合わせていないだけで、元気に過ごしている

②一定期間、留守にしている（旅行、友人や親族のところに滞在中等）

③病気による入院や、介護施設などへの入所をした

④引っ越しをした

⑤部屋にいるが体調が悪くて（または意識不明で）動けない。あるいは、意識はあるが大きな声を出せない

⑥外出したまま家に戻れなくなっている（行方不明の状態）

⑦室内で亡くなっている

3. 状況の確認と対応

（1）さまざまな可能性を踏まえた状況の確認

　近所の人から連絡を受けた民生委員は、無理なくできる範囲の状況確認を行い、なるべく早い段階で地域包括支援センター等につなぎます。確認や対応には次のようなことが必要とされますが、必ずしもこの順序どおりで行う必要はなく、また民生委員だけで行うということでもありません。

　なお、家の周りで異様な臭いがする、ハエが多数飛んでいるなどの場合は孤独死の可能性が高いので、確認するまでもなく、すぐに警察に連絡してください。

① ドアをノックしたり呼び鈴を鳴らしたりして外部から呼びかける

　　・耳が遠くなり聞こえない場合があるので留意する

　　・事情があって、居留守を使っていることもある

② 電話をしたり、アドレスを知っていればメールをしてみる

③ 新聞受けや郵便受けを確認する

④ メモや手紙を残し、１日から２日程度連絡を待つ

⑤ かかわっている介護事業者やケアマネジャーなどに確認する

　　・入院や入所をしたことなどの情報がわかる場合がある

⑥ 緊急連絡先に問い合わせ、場合によっては来てもらう

　　・その場合、民生委員が持っている高齢者名簿の緊急連絡先、貸主や不動産業者に登録されている連帯保証人、マンションの管理組合が持っている緊急連絡先名簿などが手がかりになる

　　・緊急連絡先の家族等も様子がわからない場合、合鍵を持っていれば、家族や管理会社が中に入って確認することもある

⑦ 以上の方法でも状況がわからない場合は、孤独死（場合によっては外出後の行方不明）の可能性を考えて警察に通報する

（2）連絡を受けた警察が行うこと（一般的な手順）

手順①：最初に住宅や居室の外部から様子を確認し、中に入る必要性を認めた場合に室内に入る準備をする。

手順②：鍵を開けるには、賃貸住宅であれば管理会社などが持っている合鍵を使う。

手順③：分譲マンションや持ち家で第三者が合鍵を持っていない場合、緊急連絡先の家族等が近くにいて合鍵があればそれを使う。

手順④：合鍵がない場合、緊急連絡先の家族等に確認をしたうえで消防隊を呼ぶ。消防隊は、最初に無施錠の場所や窓が外れないかなどを確認し、無理であれば、鍵を壊すか窓を割るなどし

て中に入れるようにする。

4. 民生委員としてのかかわり

（1）長期の不在、転居、入院などは連絡をもらえるとよい

　日頃から連絡をもらうようにしたり、こまめに顔を出したりしていれば、事情がすぐわかり、前述の **3** の①〜⑥までの確認の手間が省けます。しかし、強制はできないので難しい面があります。

（2）民生委員は絶対に一人で室内に入らない

　民生委員が状況確認する場合、最初に電話をかけたり、ドアをノックしたりすることは一人でもできるでしょう。

　一方、訪ねたらドアが少し開いていたような場合の鉄則は、「絶対に一人で室内に入ってはいけない」ということです。万が一室内で亡くなっていた場合、その民生委員は「第一発見者」になります。実際に民生委員が一人で入室して「第一発見者」になり、警察から長時間事情を聞かれたという例があります。

　また、あとで遺族から「金目のものがなくなっている」といって疑われたり、室内にほかにも人がいた場合、不法侵入で訴えられたりするかもしれません。ドアが開いていて呼びかけに応答がないなど、入室が必要だと思われる場合は、必ず警察に連絡してください。

（3）なるべく早めに関係機関に連絡する

　近所の人から連絡を受けた場合、可能であれば民生委員が電話や訪問によって安否確認をし、それでも連絡がとれない場合は地域包括支援センターや市町村（役所）、状況によっては警察に連絡します。また、あらかじめ見守り活動のルールがあれば、原則としてそれに従って動きます。なお、郵便受けを確認する、戸建ての家の裏庭に回って確認するといった場合も、できるだけ民児協の仲間や近所の人などにかかわってもらい、複数人で行動をするようにしましょう。

第 **5** 章

最期のときと
その後に備える

① 終活をしたいと相談された

② 遺産で社会貢献したいと相談された

③ お葬式のことを相談された

④ 亡くなったあとの手続き (死後事務) を相談された

⑤ 親しい仲間で身寄りのない高齢者と最期のお別れをしたい

① 終活をしたいと相談された

一人暮らしの高齢者から終活をしたいと相談されました。終活という言葉は最近よく聞きますし、なんとなくイメージはありますが、具体的にはどのようなことをするのでしょうか。民生委員として、このような相談にはどう対応すればよいでしょうか。

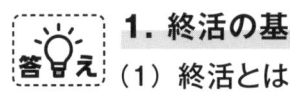

1. 終活の基礎知識

(1) 終活とは

近年、終活という言葉はいろいろなところで使われていますが、確立した定義はありません。「就職のための活動」＝「就活」になぞらえ、人生の終わりに備える活動を「終活」と称したことはわかりますが、その内容はこの言葉を使う人それぞれで異なります。

ここでは、終活を広く「人生の最期に向けて行う準備全般のこと」ととらえて話を進めます。

(2) 終活の役割や効果

実際に行う内容によって多少変わりますが、終活にはおおむね次のような役割や効果が期待できます。

①遺族の負担を軽減できる

人が亡くなれば遺族は葬儀の手配、相続の手続き、遺品の整理など、さまざまなことをする必要があります。その際、亡くなる前に葬儀に呼ぶ人の氏名や連絡先をリストにしていれば、それだけで葬儀にかかわる手間が減らせます。また、銀行口座がわかれば相続の手続きを進

めやすくなります。このように、本人が決めておくとよいことや本人しか知らないことなどを終活によって明示しておくことで、遺族の負担を減らすことができます。

②周囲のいろいろなものを整理するきっかけになる

家の中には「よく考えたら捨てていいもの」があるはずですが、それらをそのままにしておくと、死後、片づけのために多くの人手や費用がかかります。終活をきっかけに処分することで、本人は整理された環境で生活ができ、後々の家族の負担も軽減できます。

③周囲の人の負担を軽減できる

賃貸住宅に住んでいる場合、家具の処分方法などが明らかになっていれば、死後、家主や不動産屋の手続きが円滑に進みます。

④これからの人生を安心して前向きに生きるきっかけになる

終活というと「縁起でもない」と後ろ向きに考えがちですが、実際に終活をした（している）人の多くは、自分の人生を振り返り、今の自分を客観的に見つめることを通して、「残された人生をどう自分らしく生きるかを考えるようになった」と前向きにとらえています。

（3）終活をはじめる年齢や時期

多くの人は、自分が高齢になり病気にかかったり、身近な人が亡くなったりしたことをきっかけに終活をはじめます。そのこと自体に善し悪しはありませんが、認知症などで判断能力が低下したり、重篤な病気で意思表示が困難になったりした場合、終活を行うことは現実的に不可能です。また、終活は手間や時間、集中力、体力等も必要とされます。それらを考えると、なるべく早く元気なうちにはじめたほうがよいでしょう。

2. 終活で実際に行うこと

(1) さまざまなことを決めて書類に書く、整理作業をする

　終活に「しなければならない」ことの決まりはありません。また、人によっては不要なものがありますが、おおむね以下のようなことが必要とされます。なお、実現には費用がかかることもあります。

必要なこと	内容
①資産の整理点検とリスト化	・口座の整理や集約（不要な口座の解約）、通帳の保管場所の記録 ・上記以外の財産（不動産等）の点検とリスト化
②今身近にあるものの整理 　（処分するものの仕分け）	・本、家電製品、家具、衣服などの整理 ・書類（届け出、契約書、領収書、証明書等）や手紙、写真の整理 ・デジタル機器（パソコン、スマートフォン等）にあるデータの整理
③今結んでいる契約の整理点検とリスト化 　（解約と継続を分ける）	・インターネット、スマートフォン、有料のテレビ契約 ・新聞や雑誌などの定期購読の契約
④介護や医療にかかわる希望の明示	・希望する介護や医療の内容 ・終末期を過ごす場所と方法
⑤今利用している介護サービスやかかりつけ医のリスト化	・介護サービス事業者やかかりつけ医の連絡先とそれぞれの利用状況
⑥葬儀にかかわる準備および希望の明示	・遺影の撮影または選定 ・葬儀の規模や方法、呼ぶ人等の明示
⑦お墓にかかわる準備と希望の明示	・お墓を決める（共同墓地や樹木葬墓地などもある） ・供養の方法
⑧相続の準備や遺産の処分に関する意思の明示	・資産（借金含む）の確認と相続人の整理 ・遺贈寄付の意思表明
⑨ペットがいる場合の行き先	・ペットを託す相手を決める（相手の了承が必要）
⑩メッセージを残す	・誰かに残したいメッセージを記録

(2) 意思表示の内容が具体化されるしくみが必要

　表に示したようなさまざまな希望を実現するためには、誰かに具体化してもらう必要があります。家族がいれば家族に伝える方法もあり

ますが、無理な場合や身寄りのない場合は別の方法を考える必要があります。

3. 民生委員としてのかかわり

（1）終活のイメージを一致させる

相談を受けたら、相談してきた人が終活という言葉をどのような意味で使っているかを確認する必要があります。人によっては「終末期の医療のこと」「お墓のこと」というように一部だけを考えている人もいます。そこで、まずは終活のイメージを一致させたうえで、気になっていることを丁寧に聴くことが大切です。

（2）エンディングノートを活用する

実際に終活をするうえで役立つのが、自分の最期のときに備えて資産内容などをまとめて記入したり、葬儀に関することや死後の希望などをまとめておけるエンディングノートです。公式なものはなく、工夫されたものがいろいろ販売されています。

ノートにある内容を全部一気に書き込むのは大変なので、自分に必要、優先順位が高い、と思うところから書き込むようにするとよいでしょう。

（3）人によっては実現する方法を講じておく必要がある

身寄りがない場合、自分で行う物品の整理や意思表示まではできますが、終末期や死後の希望などを実現するためには、それを実行したり意思を代弁してくれる人が必要です。

その役割を民生委員が担うということではなく、それぞれ専門の機関や事業所などがあるので、まずは、地域包括支援センターや市町村（役所）、社協などに相談するとよいでしょう。

② 遺産で社会貢献したいと相談された

財産をもっている身寄りのない一人暮らしの高齢者から「自分が亡くなったら遺産をどこかに寄付して社会のために役立てたい」と相談を受けました。どのように答えればよいでしょうか。

1. 自分の希望に沿って遺産を寄付することができる「遺贈寄付」を利用する

　例えば「子どもの頃、家が貧乏で苦学したので、勉強したいと思っている子どもを支援したい」「難民の現状に心を痛めており、難民支援に貢献したい」など、社会貢献のために自分の遺産を役立てたいと思う場合には、「遺贈寄付」を利用することで願いを叶えることができます。

　この遺贈寄付は、身寄りのない人だけでなく、身寄りのある（相続人がいる）人でも行えます。なお、通常、亡くなった人の財産は相続人が相続をしますが、相続人が不在で、かつ本人が遺贈寄付の手続きをしていなければ、その残された財産は国の収入になります。

2. 遺贈寄付をする方法

　遺贈寄付をするためには、次のような手続きや留意点があります。

（1）寄付先を決める

　ホームページ等で呼びかけをしている団体や、身近な地域で活動する団体、学校、施設、自治体なども寄付の対象になります。支援したい分野や団体について調べたり、直接話を聞いたりしてから寄付する先を決めるとよいでしょう。

情報は社協、共同募金会、市町村（役所）などで聞くことができ、金融機関でも遺贈寄付を支援するサービスを行っています。

（2）遺言を作成して寄付の意思を明確にする

遺贈寄付には遺言が必要です。遺言には自筆証書遺言と公正証書遺言があります。形式には細かなルールがあることや、自筆証書遺言は誰にも発見されない可能性があることから、遺贈寄付には公正証書遺言が適しています。また、遺贈寄付の手続きをする遺言執行者を指名しておく必要があります。

3. 遺贈寄付をする際に気をつけること

（1）「身寄りがない」＝「相続人がいない」とは限らない

本人が「身寄りはない」といっても、戸籍上は配偶者や子どもがいることがあります。その場合、それらの相続人には、名乗り出れば遺言内容にかかわらず、一定額を請求できる権利があります。その可能性が少しでもあれば、「遺産全部」ではなく、遺産のうち「〇〇円を寄付する」としておくとトラブルを回避できます。

（2）不動産や株券等の有価証券は好まれない

不動産や株券等の有価証券は価値の不明さや換金の手間等があることから、現金以外は受け付けない団体もあります。受け付けてくれる団体かどうか事前に確認することが大切です。

4. 民生委員としてのかかわり

遺贈寄付を希望する人に対し、情報提供している機関の紹介や、基本的なしくみの説明などを通して後押しできるとよいでしょう。

なお、共同募金会では、「子どもために」「障害者のために」といった分野のみを指定した寄付を受け付けているので、必ずしも特定の団体を決めなくても、希望する分野に遺贈寄付をすることができます。

③ お葬式のことを相談された

 身寄りのない一人暮らしの高齢者から「自分のお葬式が心配。少し貯金があるので、それで自分の望むようなお葬式をしてもらいたい」と相談されました。どのように答えればよいでしょうか。また、何も準備をしていなかった場合、お葬式はどうなるのでしょうか。

 **1. 自分の望むようなお葬式を実現する方法**

（1）自分の望むようなお葬式をすることは可能

身寄りの有無にかかわらず、生前に一定の手続きをしていれば、本人が望むようなお葬式を行うことが可能です。身寄りのない場合、家族への配慮等も必要なく、自由度が高くなるといえます。

（2）実現するための三つの方法

次の三つの方法が考えられます。いずれも費用がかかります。

①葬儀社と直接契約を結んでおく

　この場合、契約していることを周囲の人に日頃から話しておく、大きな紙に書いて家の中の目立つところに貼っておくこと等をすることで、突然死などの際にも本人の意思の尊重が可能になります。

②死後事務委任契約のなかで葬儀の実施を委任する（**第5章④**参照）

③遺言に希望を書き、遺言執行者を決めておく

これらのうち、葬儀社が①②の両方とも手がけていると、遺体の引き取りや死亡届、葬儀の準備等、一連の手続きを進めやすくなります。

なお、実際に契約どおりお葬式が行われたかを確認するために、契約段階から関与し、事後もチェックするしくみをもつ市町村や社協がありますが、今のところは少数に限られています。

2. 準備していなかった場合は市町村が火葬と納骨をする

身寄りのない人が亡くなり、前述のような準備をしていなかった場合、市町村（役所）が遺体を引き取り、火葬をして納骨します。といっても、すぐに火葬するわけではなく、通常は戸籍などから家族や親族の有無を確認し、見つかれば遺体の引き取りを打診します（その間、遺体は葬儀社などで一時的に保管されます）。

そして、実際に引き取り手がいないとわかった段階で市町村（役所）が火葬をします。その後、「遺体の引き取りは拒否したが、遺骨は引き取る」という遺族や新たな遺族が出てくることに備えて、市町村（役所）が一定期間、遺骨を保管し、その期間を過ぎても引き取り手が現れないときに、公営墓地などの合同墓や無縁墓などに納骨します。

なお、連絡を取る親族の範囲や火葬したあとの遺骨の保管期間などは全国統一のルールはなく、市町村により異なります。

3. 民生委員としてのかかわり

前述の**2**のとおり、市町村（役所）に火葬と納骨をしてもらえるならそれでいい、と思う人もいるかもしれません。一方で、「なるべく人に迷惑をかけたくない」「それだけではさみしいので、最後はささやかでも自分らしいお葬式をしてほしい」と思う人もいるでしょう。

本人の希望を尊重しつつ安価でできるお葬式もあるので、地域包括支援センターなどに聞きながら情報提供するとよいでしょう。なお、前述の**2**の場合、市町村（役所）で火葬はしますがお葬式まではしません。その場合、民生委員など周囲の人が市町村（役所）の補助を受けて簡素なお葬式を行えるしくみがあります（**第5章⑤**参照）。

④ 亡くなったあとの 手続き（死後事務）を相談された

一人暮らしの高齢者から「死後、周囲に迷惑をかけたくない。お金を払って、あらかじめ誰かに死後の手続きや遺品の処分などを頼んでおきたい」と相談されました。どのように答えればよいでしょうか。

1. 亡くなったあとに行う死後事務とその準備としての委任契約

人が亡くなったあとに行うさまざまな手続きを死後事務といい、この事務をする役割を生前に第三者に頼んでおく契約を、死後事務委任契約といいます。もともと身寄りがない、家族はいるが疎遠になっている、家族や親戚の住まいが遠方だったり高齢だったりするので迷惑をかけたくない等、理由はさまざまですが、死後事務委任契約を結ぶ高齢者が増えています。

死後事務委任契約は契約の分類でいうと委任契約になります。委任契約は、当事者同士が内容を自由に決められる契約なので、死後事務の全部について委任することもできますし、一部だけを委任することもできます。委任する相手と合意することで契約は成立しますが、第三者に頼むわけですから相応の報酬を支払う必要があります。

なお、民法では、委任契約は委任者（頼む側の高齢者）か受任者（頼まれた第三者）のどちらかが死亡した時点で契約は終わると考えます。しかし、死後事務委任契約の場合、最初から委任者が亡くなったあとを想定した契約を結んでいるので、委任者が死亡しても契約は有効と

解釈されています。

2. 死後事務委任契約の実際

（1）死後事務委任契約で委任できること

　委任する事務は、具体的には以下のような内容が考えられますが、何を委任するかは当事者同士で自由に決められます。ただし、委任する事項が多ければ、それだけ多くの費用がかかることになります。

> ①死亡届の提出
> ②遺体の引き取り
> ③葬儀、火葬、埋葬、納骨に関すること
> ④健康保険、介護保険、年金の資格喪失の届け出
> ⑤入院費用や介護サービスの利用料などの精算（支払いだけでなく、高額医療費や高額介護サービス費の払い戻しもある）
> ⑥病院や施設などにある私物の引き取り
> ⑦税金や公共料金（電気、ガス、水道、受信料ほか）の支払いや解約
> ⑧賃貸住宅の場合の契約解除、原状回復、費用の精算
> ⑨家（部屋）の中の家具や電化製品などの遺品整理や処分
> ⑩スマートフォンやインターネット等にかかわる契約解除や精算

（2）死亡届の提出

　死後事務委任契約を結んだだけでは受任者は死亡届の提出者にはなれません。死亡届を出す義務があるのは①同居の親族、②同居者、③家主や管理人です。これらの人がいないか届け出をしない場合に、成年後見人なども届け出ができます。

　そのため、身寄りのない人が死後事務委任契約で死亡届の提出を受任者に頼む場合、両者間で任意後見契約（**第2章⑥**参照）を結んでおくことで、受任者が任意後見人または任意後見受任者の立場で死亡届を提出することができます。

（3）死後事務委任契約で委任できないこと

次の二つに属することは死後事務委任契約では対応できません。

①生きている間に発生する事務手続きなど

死後事務委任契約は、その名のとおり委任者の死後に行うことを委任するものなので、委任者が生前に必要としていることはこの契約では行いません。必要な場合、別途、財産管理契約や見守り契約などを結ぶ必要があります。

②相続に関すること

相続の手続きは死後事務委任契約では依頼できません。亡くなった時点でその人がもっていた財産は相続人のものになるので、死後事務では関与できません。この財産のなかには亡くなった人名義の預貯金や不動産も含まれます。相続で自分の希望を実現したい場合には、遺言を残すことが必要です。

3. 死後事務委任契約を扱う事業者の現状と費用

（1）契約を結ぶ相手

死後事務委任契約を誰と結ぶかは自由です。例えば、弁護士、司法書士、社会福祉士などの専門職や、株式会社、社団法人、NPO法人（特定非営利活動法人）などの団体が考えられます。

（2）事業者の現状

近年増えているのが、身寄りのない高齢者の支援全般を主な事業とする事業者です。これらの事業者の多くは、支援全般を事業としているため、死後事務だけでなく、生前の日常生活支援や入院・入所時の身元保証なども一体的に行っています。

2023年8月、総務省はこれらの事業者を対象に行った全国調査の結果を公表しましたが、そこではさまざまな問題点が指摘されています。

例えば、「サービスに必要な費用を事前に預かる預託金を、事業者の金庫や代表者の個人名義の口座で管理している」「契約の解約に関する規定がない」「死後に遺産の全額を事業者に寄附する契約を結んでいた」などです。

もちろんすべての事業者に問題があるわけではなく、高齢者の立場に立って親身に相談に応じ、料金をできるだけ抑えられるようにしている良心的な事業者もあります。しかし現状では、これらの事業者を監督、規制する法律がなく、また監督官庁も定まっていないこともあり、問題のある事業者が少なからず存在していることは確かです。

4. 民生委員としてのかかわり

（1）気になっていることを丁寧に聴く

まずは、相談をしてきた高齢者の気になっていることがどのような内容であるかを具体的に聴くことが大切です。そして、その内容が前述の **2** であげたような死後事務に該当する内容であれば、何らかの対応を検討する必要があります。

（2）事業者と契約を結ぶことについて

前述のとおり、死後事務委任契約を含む支援サービスを提供する事業者は増えており、ネット上にはたくさんの広告が出ています。なかには十分に検討することなく、慌てて契約をした後に後悔する高齢者もいるため、焦らずに慎重に検討することを伝えつつ、地域包括支援センターなどにつないで相談にのってもらうようにしましょう。

なお、国は死後事務などを行う事業者の選択に資することなどを目的に、2024 年 6 月に「高齢者等終身サポート事業者ガイドライン」を公表しました。強制力はありませんが、今後利用を検討する際の参考になると思われます。

5 親しい仲間で身寄りのない 高齢者と最期のお別れをしたい

長く付き合いのある一人暮らしの高齢者（生活保護を受給）が亡くなりました。身寄りはないですが、近所には仲のよい友人もいます。みんなで最期のお別れをしてあげたいのですが、そのようなことはできるのでしょうか。また、費用の補助等はあるのでしょうか。

1. 生活保護法に基づく葬祭扶助

　　生活保護を受給していた人が亡くなった場合の葬祭やその費用に関係してくるのが、生活保護法第18条に規定されている葬祭扶助です。今回の場合、第18条第2項第一号（下線部）を根拠として、費用の給付（葬祭扶助の適用）を受けられる可能性があります。

> 第18条　葬祭扶助は、困窮のため最低限度の生活を維持することのできない者に対して、左に掲げる事項の範囲内において行われる。
> 　一　検案
> 　二　死体の運搬
> 　三　火葬又は埋葬
> 　四　納骨その他葬祭のために必要なもの
> 2　左に掲げる場合において、その葬祭を行う者があるときは、その者に対して、前項各号の葬祭扶助を行うことができる。
> 　一　被保護者が死亡した場合において、その者の葬祭を行う扶養義務者がないとき。
> 　二　死者に対しその葬祭を行う扶養義務者がない場合において、そ

の遺留した金品で、葬祭を行うに必要な費用を満たすことのできないとき。 （下線部筆者）

2. 扶養義務者がいない場合などは第三者が葬祭を行える

　亡くなった人の葬祭を行うにあたっては、まず福祉事務所が扶養義務者の存在を確認します。扶養義務者がいる場合は葬祭の実施についての意向を確認し、扶養義務者がいない場合や、いても葬祭をする意思がない場合には、第三者が葬祭の手配を行うことができます。このように第三者が葬祭を行う場合、扶助の対象になります。

　ここでいう第三者とは民生委員に限らず、アパートの家主や友人なども含まれます。なお、葬祭を手配する民生委員や家主等に生活保護を適用するわけではないので、民生委員や家主等の収入額が多いと葬祭扶助が適用されない、といったことはありません。

3. 民生委員としてのかかわり

　民生委員が葬祭を手配した場合、福祉事務所が費用を負担するので、民生委員が費用を負担する必要はありません。

　こうして行われる葬祭は、一般に「福祉葬」と呼ばれ、地域ごとに扶助の上限額が決まっています。なお、福祉事務所は、亡くなった人の残した財産があれば、そこから葬祭費用を充当することが認められています。「福祉葬」を行っている業者であれば段取りや費用の上限等も知っているので、葬祭を円滑に行うことが可能です。

　いずれにしても、みんなで最期のお別れをしたい（何らかの方法で葬祭をしたい、見送りたい）場合、葬祭扶助は生活保護制度の一部であり、その適用には一定のルールがあるので、あらかじめ福祉事務所に相談するとよいでしょう。

著者紹介

小林 雅彦 （こばやし・まさひこ）
国際医療福祉大学大学院教授

1957年、千葉県生まれ。
日本社会事業大学大学院社会福祉学研究科修士課程修了。
川崎市社会福祉協議会、全国社会福祉協議会、厚生労働省地域福祉専門官、
国際医療福祉大学医療福祉学部教授、同学部長を経て現職。

主著

- ・『新版 民生委員・児童委員のための子ども・子育て支援 実践ハンドブック』（単著、中央法規出版、2023年）
- ・『民生委員のための高齢者支援ハンドブック』（単著、中央法規出版、2022年）
- ・『民生委員のための経済的困窮者支援ハンドブック』（単著、中央法規出版、2021年）
- ・『新版 民生委員のための地域福祉活動実践ハンドブック』（単著、中央法規出版、2020年）
- ・『民生委員活動の基礎知識』（単著、中央法規出版、2020年）
- ・『民生委員のための障害者支援ハンドブック』（単著、中央法規出版、2019年）
- ・『民生委員のための相談面接ハンドブック』（単著、中央法規出版、2017年）
- ・『社会福祉基礎（高等学校福祉科教科書）』（共著、実教出版、2013年）
- ・『改訂 民生委員のための地域福祉活動Q&A』（共著、中央法規出版、2011年）
- ・『地域福祉論―基本と事例（第2版）』（編著、学文社、2010年）
- ・『地域福祉論―理論と方法』（共編著、第一法規出版、2009年）
- ・『住民参加型の福祉活動―きらめく実践例』（共編著、ぎょうせい、2002年）
- ・『地域福祉の法務と行政』（編著、ぎょうせい、2002年）

民生委員のための
一人暮らし高齢者支援・見守りQ&A
——知っておきたい40の知識と対応

2024年 11月10日 初版発行
2025年 3月15日 初版第3刷発行

著　者 ⋯⋯⋯⋯⋯ 小林雅彦

発行者 ⋯⋯⋯⋯⋯ 荘村明彦

発行所 ⋯⋯⋯⋯⋯ 中央法規出版 株式会社
　　　　　　　　〒110-0016　東京都台東区台東3-29-1　中央法規ビル
　　　　　　　　TEL 03-6387-3196
　　　　　　　　https://www.chuohoki.co.jp/

印刷・製本 ⋯⋯⋯ 株式会社 アルキャスト

本文イラスト ⋯⋯ 北田英梨

ブックデザイン ⋯ 株式会社 ジャパンマテリアル

定価はカバーに表示してあります。
ISBN978-4-8243-0104-8

本書の内容に関するご質問については、下記URLから「お問い合わせフォーム」に
ご入力いただきますようお願いいたします。
https://www.chuohoki.co.jp/contact/

A104